Les Grands Procès criminels de l'Antiquité grecque

Éric Gilardeau

Les Grands procès criminels de l'Antiquité grecque

L'Harmattan

Du même auteur

L'ordre public dans la jurisprudence civile d'après les arrêtistes, ANRT, 2004.

Au crépuscule de la justice pénale, coll. « Questions Contemporaines », L'Harmattan, 2011.

À l'aube du droit pénal utilitaire, coll. « Questions Contemporaines », L'Harmattan, 2011.

Les grands procès politiques de l'Antiquité, L'Harmattan, 2015.

5-7, rue de l'Ecole-Polytechnique, 75005 Paris

http://www.harmattan.fr
diffusion.harmattan@wanadoo.fr
harmattan1@wanadoo.fr

ISBN : 978-2-343-10287-0
EAN : 9782343102870

Introduction

Les grands procès criminels sont les miroirs d'une société. Ils sont ici le reflet d'une époque, celle de la société grecque des Ve et IVe siècles av. J.-C. À la manière d'une caméra qui explorerait le temps, les plaidoyers des logographes filment la vie d'hommes et de femmes d'une période bien éloignée de la nôtre et pourtant si proche. Les sentiments de vengeance, de dissimulation, d'envie, de ressentiment, d'arrogance, de jalousie sont des ressorts éternels de l'âme humaine. À travers, l'espace de plus de deux millénaires, ces procès criminels nous restituent une image familière de l'homme, une représentation sans fard d'un « *Humain trop humain* »[1].

Sous cette lumière crue, jetée par les grands procès criminels, se dessinent les différents statuts des individus. Les discours judiciaires nous renvoient en effet à la représentation d'une femme absente de l'enceinte judiciaire, comme elle l'était d'une société entièrement dominée par les hommes. Cependant, si les procès criminels se font l'écho de cette réalité, ils révèlent aussi une autre image de la femme. La narration des faits, qui occupe une place importante dans les discours judiciaires, rappelle par bribes la vie quotidienne, les aspirations, et les désirs des mères, des épouses, voire des concubines de la classe moyenne athénienne. C'est aussi le statut de l'esclave et son rapport à la justice qui se découvrent devant nous. Une terrible relation, qui ne peut manquer d'effrayer par la réification d'hommes et de femmes qui se trouvent obligatoirement soumis à la question dès lors que

[1]Frédéric Nietzsche, *Humain trop humain*, traduction Alexandre-Marie Desrousseaux, Société du Mercure de France, 1906 à qui nous empruntons ici le titre de son ouvrage.

leur témoignage est judiciairement requis. De nombreuses présomptions juridiques s'attachent à la torture vécue comme le moyen ordinaire de l'information judiciaire. Le statut de l'étranger trouve aussi pleinement sa place au sein des débats du procès criminel, qu'il soit celui d'un métèque ou d'un allié. À travers la diversité des statuts, ce sont bien les structures mentales, sociologiques et juridiques des sociétés grecques des Ve et IVe siècles qui ressurgissent dans leur forme la plus vivante presque quotidienne.

Les instances criminelles offrent surtout aux juristes et aux historiens un champ d'investigation inégalé. Le droit criminel et la procédure pénale associent les dispositions d'un système juridique archaïque (confusion de la vengeance et de la justice, recours à la torture, droit de tuer l'adultère pris en flagrant délit) avec des règles que l'on retrouve dans nos droits modernes (recherche de l'intention criminelle, définition circonstanciée de la préméditation, respect des droits de la défense, présomption d'innocence). Cet ouvrage se propose d'étudier l'interprétation que donnent nos collègues historiens de ces dispositions et offrir une analyse qui s'éloigne de la solution retenue par nos prédécesseurs. À cette occasion, nous reprendrons l'étude des discours judiciaires afin d'apprécier au regard des pièces du dossier la culpabilité ou l'innocence des accusés qui n'est pas toujours celle que l'on pourrait attendre.

Le premier grand procès criminel est connu sous le nom d' « *accusation d'empoisonnement contre une belle-mère* ». Ce procès fut particulièrement retentissant, car cette affaire présentait tous les caractères d'une tragédie grecque : un père qui fit jurer à son fils mineur de le venger une fois adulte, une belle-mère contre laquelle il n'existait aucune preuve du crime qu'on lui reprochait, mais qui était présentée sous les traits de la véritable instigatrice de l'empoisonnement perpétré par la concubine de l'ami de son mari, un beau-fils qui l'accusait et son demi-frère qui assumait contre lui la défense de sa propre mère. Ce procès était également remarquable par la juridiction saisie, l'Aréopage, la plus haute instance criminelle athénienne appelée à connaître à la fois d'une action lancée au nom d'un sentiment primitif de vengeance et d'une infraction, d'instigation au meurtre qui n'est entrée dans notre propre code pénal qu'en 2004; l'illustration même d'une affaire où pouvaient se côtoyer les caractères archaïques et modernes de la procédure accusatoire athénienne. Cette « *Clytemnestre* »[2], comme la qualifiait son beau-fils, était l'image d'un archétype féminin censé se livrer à un crime de sang dissimulé. Comme l'indique Michaël Martin, cette présentation peut être insensiblement rapprochée de Nessos qui « *avait armé la main de Déjanire qui ne se doutait de rien et pensait ramener son époux auprès d'elle, l'empoisonneuse arme la main de la courtisane* »[3] Mais, cette présentation des faits par le beau-fils correspondait-elle à la réalité et ne recouvrait-elle pas un motif d'une autre nature que la vengeance de son père ? (Première partie)

Le second grand procès criminel de cet ouvrage est l'une des affaires les plus mystérieuses que la Grèce antique ait jamais eu à connaître. Tout d'abord, parce que le corps de la victime, Hérode, n'a jamais été retrouvé et qu'il n'existe aucun témoin oculaire des faits. Malgré ces

---

[2]Antiphon, *Discours. Fragments d'Antiphon le Sophiste*, *Accusation d'empoisonnement contre une belle-mère*, trad. Louis Gernet, Les Belles Lettres, Paris, 2002, I, 17.
[3]Michaël Martin, *Sorcières et magiciennes dans le monde gréco-romain*, Le Manuscrit, Paris, 2004, P.429.

circonstances, l'accusé, Euxithéos, l'un des passagers du navire sur lequel voyageait la victime fit l'objet d'une procédure sommaire de flagrant délit réservée aux seuls malfaiteurs tandis que les parents d'Hérode soutenaient contre lui une accusation d'assassinat. Ce procès est à l'origine d'un débat juridique entre les parties auquel se sont invités les historiens. Les moyens de droit développés par l'accusé pour sa défense font l'objet de leurs critiques. À l'inverse de nos collègues, nous considérons que les exceptions de procédure soulevées par Euxithéos, étaient non seulement justifiées au regard de la période même où celles-ci furent invoquées, mais que cette argumentation était juridiquement des plus fondées. De plus, nous constaterons que les accusateurs avaient engagé ce procès dans un esprit de lucre. En effet, dans l'éventualité d'une condamnation, une partie des biens d'Euxithéos aurait dû leur revenir. Aussi, les accusateurs n'hésitèrent-ils pas à manipuler la procédure et à falsifier les pièces pour parvenir à leur but. C'est donc à bon droit, selon nous, qu'Euxithéos implorait ses juges de garantir sa présomption d'innocence et d'éviter une erreur judiciaire qui aurait été irrémédiable puisque la peine de mort était l'enjeu même du procès (Deuxième partie).

Le plaidoyer *Sur le meurtre d'Eratosthène* a été prononcé à l'occasion d'un des crimes passionnels les plus connus de l'Antiquité grecque. Cette affaire occupe, en effet, une place à part dans les grands procès criminels de la Grèce antique. Le meurtrier, en l'occurrence, Euphilétos assume son geste et le revendique. Tout l'enjeu du procès réside ici pour les jurés à déterminer non pas si Euphilétos a tué Eratosthène, mais si le meurtre a été ou non prémédité. Eratosthène a été poignardé par Euphilétos alors qu'il se trouvait dans la chambre de ce dernier en compagnie de sa femme. Euphilétos l'a tué froidement, presque posément et cela en présence de nombreux témoins. Or, si la loi pouvait dans des circonstances précises excuser le meurtre d'un adultère, l'état des mœurs avait évolué différemment dans une société qui était devenue plus accessible à la tolérance en ce IVe siècle. Euphilétos plaide l'accomplissement du meurtre dans l'instant, au moment même de la découverte de l'adultère. Mais, sous l'habileté du plaidoyer se découvrent des zones d'ombres dans la conduite du meurtrier lors des jours et de la soirée qui ont précédé la mort d'Eratosthène. C'est un caractère moins naïf, moins bonhomme d'Euphilétos qui se dessine. Petit à petit, les preuves d'un meurtre prémédité se mettent en place. Le style inimitable du logographe, Lysias, contribue pour beaucoup à faire de cette affaire un véritable chef d'œuvre de la littérature judiciaire. Lysias emploie des procédés de narration modernes qui nous sont familiers tant les notations psychologiques et le film des évènements nous rapproche des adaptations cinématographiques contemporaines. Lysias nous place au cœur des évènements et fait de nous à la fois les auditeurs et les juges d'une des affaires criminelles les plus passionnantes de son temps (Troisième partie).

À plus d'un titre, ces grands procès criminels de l'Antiquité grecque sont les témoignages vivants d'une société proche de la nôtre malgré les siècles qui nous séparent de leurs protagonistes. Ces grands procès sont donc bien plus que la restitution historique des débats judiciaires d'une civilisation disparue. Ils sont l'illustration d'une question qui n'a pas encore reçu de réponse, celle de savoir si « *les procès finissent toujours par celui de la justice* »[4].

---

[4]André Frossard, *Les Pensées*, Le Cherche Midi, Paris, 1994.

Première partie

UN PROCES POUR EMPOISONNEMENT : UNE TRAGEDIE GRECQUE A ATHENES

Qui est Antiphon ? Cette question peut paraître bien surprenante alors que nous nous proposons d'étudier les discours judiciaires d'un logographe qui devrait être parfaitement identifié. Antiphon est à la fois l'une des figures emblématiques parmi les grands orateurs athéniens et dans le même temps l'une des plus énigmatiques. Les historiens s'interrogent, en effet, sur son identité. Antiphon de Rhamnonte s'identifie-t-il avec Antiphon d'Athènes ou s'agit-il de deux personnalités distinctes ?

Michel Onfray répond à la question de la manière suivante, « *on s'est longtemps demandé si ce nom ne cachait pas deux identités avant de conclure à l'existence de deux personnes : un sophiste et orateur, notre Antiphon et un rhéteur dit de Rhamnonte*[5]. Nous ne partageons pas cette conclusion de Michel Onfray qui nous paraît pour le moins hâtive et pour tout dire bien abrupte.

Les travaux de Michael Gagarin démontrent qu'Antiphon de Rhamnonte et Antiphon d'Athènes ne sont en réalité qu'une seule et même personne[6]. Michael Gagarin rappelle tout d'abord que la description d'Antiphon le sophiste d'Athènes donnée par Xénophon

---

[5]Michel Onfray, *Contre-histoire de la philosophie*, Tome I, *Les sagesses antiques*, Grasset, Paris, 2006, p.92.
[6]Michael Gagarin, *Antiphon the Athenian.Oratory, Law and Justice in the Age of the Sophists*, Austin, University of Texas Press, 2002.

dans ses *Mémorables*[7] présente bien des points communs avec la personnalité d'Antiphon l'orateur de Rhamnonte dessinée par l'historien Thucydide[8]. Michael Gagarin démontre également que le critère retenu par la tradition pour différencier les deux identités se révèle non seulement des plus fragiles[9], mais se trouve directement contredit dès la fin du IVe siècle av. J.-C. par les sources qui attribuent systématiquement les ouvrages d'Antiphon le sophiste et d'Antiphon le rhéteur au même auteur[10]. De plus, il n'existe dans les sources du IVe siècle aucune information biographique relative à Antiphon le sophiste. Seule, la vie d'Antiphon de Rhamnonte y est décrite[11].

---

[7]Xénophon, *Mémorables*, Tome I, trad. Louis-André Dorion, Les Belles Lettres, Paris, 2000, I,6, 11-15.

[8]M. Gagarin, *op. cit.*, pp.40-41 ; Thucydide *La guerre du Péloponnèse*, Tome V, Trad. Raymond Weil, Les Belles Lettre, Paris, 1972, 8, 68.

[9]M. Gagarin, *op. cit.*, p.45 qui rappelle l'opinion largement répandue par Hermogène en faveur de deux styles différents entre le philosophe et le rhéteur.

[10]M. Gagarin, *op. cit,*p.43 et note 16 où ce dernier rappelle qu'Aristote désignait par le seul nom d'Antiphon à la fois l'homme politique, en tant que membre des Quatre-Cents et le philosophe attaché à résoudre le problème posé par la quadrature du cercle ou l'essence de la matière ; cf. Aristote,. *Constitution d'Athènes*, trad. B. Haussoullier, Georges Mathieu, Les Belles Lettres, Paris, 1922, Chapitre XXXII, II. ; cf. également Platon, *Œuvres complètes*, 1ère partie : *Ion-Ménexène-Euthydème*, Tome V, trad. Louis Méridier, Les Belles Lettres, Paris, 1931, *Ménexène* 236a ;*Euthydème*,305b-c, identifie les deux Antiphons dans ses dialogues.

[11]M. Gagarin, *op. cit.*, p.46., Hermogène, l'une des sources les plus fiables sur Antiphon, ne donne aucune indication à ce titre sur l'Antiphon le sophiste dit d'Athènes. Callimaque de Cyrène inclut le discours d'Antiphon d'Athènes *De la vérité* parmi les discours judiciaires d'Antiphon de Rhamnonte.

Le dernier argument qui consistait pour les partisans des deux identités[12] à opposer la conception égalitariste du *De la vérité* d'Antiphon le sophiste à la position politique d'Antiphon de Rhamnonte en faveur de l'aristocratie ne tient plus depuis la publication d'un nouveau fragment de l'œuvre[13] qui établit que cette opposition est beaucoup moins tranchée qu'on ne pouvait le supposer précédemment[14]. S'il peut exister une interrogation au sujet d'un troisième Antiphon « poète », Lambros Couloubaritsis rejoint Michael Gagarin pour dire qu'Antiphon d'Athènes, « le sophiste » et qu'Antiphon de Rhamnonte « le rhéteur » sont bien une seule et même personne[15].

Antiphon est né en 410 av. J.-C. dans le dème de Rhamnos sur la côte sud de l'Attique près de Marathon. Son père, Sophilos, un aristocrate athénien, forma lui-

---

[12]*Antiphon the Sophist. The Fragments*, transl.Gérard J. Pendrick,, Cambridge University Press, 2002.

[13]M. Gagarin, *op. cit.*, p.63 note 1, se réfère au texte de Decleva Caizzi qui inclut le fragment de papyrus le plus récent (*Poxy* 3647) publié par Funghi en 1984 ; cf. Fernanda Decleva Caizzi in *Corpus dei papiri filosofici greci e latini*, I, i (Florence, 1989), 183-186 (fragm. A) et 192-198 (frag. B).

[14]M. Gagarin, *op. cit.*, p.64-65, met en évidence la permanence des antagonismes dans la pensée d'Antiphon où ce dernier oppose les Grecs aux barbares, le *nomos* à la *physis*, la loi et la justice positives à la conception traditionnelle de la loi et de la justice. Mais, Michael Gagarin constate également que le traité *De la vérité*, loin d'être une œuvre dogmatique fondée sur des principes intangibles, est tout au contraire un ouvrage où l'auteur s'interroge et opte pour une interprétation critique qui laisse la place à la relativité des principes. Même si les *nomoï* (les lois) apparaissent secondaires par rapport à la *physis* (la nature), elles ne sont pas sans importance et sont appelées à jouer un rôle dans l'ordre politique et social.

[15]Lambros Couloubaritsis, *Aux origines de la philosophie européenne, De la pensée archaïque au néoplatonisme*, De Boeck Université, Bruxelles, 2003, p.186.

même son fils à la sophistique dont il dispensait l'enseignement. Arrivé à l'âge d'homme, Antiphon dispensa à son tour et contre rémunération la technique oratoire des sophistes. La méthode qu'il développait auprès de ses disciples, dont faisait partie l'historien Thucydide, tendait à faire triompher la raison contre le poids du conformisme et de la tradition. Dans le prolongement de Protagoras (490-420 av. J.-C.), le philosophe grec à qui fut attribué le premier le titre de sophiste, il enseignait que l'homme étant la source et la mesure de toute chose, la justice et la loi n'étaient pas transcendantes, c'est-à-dire supérieures aux citoyens, comme le croyaient les anciens, mais seulement une création humaine, une convention momentanée passée entre les membres d'une communauté civique.

La loi n'était donc pour Antiphon que la somme des opinions individuelles et puisque aucune n'était plus vraie que les autres, elles se valaient toutes de manière égale. Les sophistes semblaient ainsi donner une justification théorique au régime démocratique. Aussi, cette conception de l'égalité, qui était le reflet de l'égalité naturelle entre les hommes, conduisait Antiphon à condamner dans son traité *De la vérité* la distinction entre les classes sociales. Cette différence était pour lui contre-nature.

La conception de l'égalité exposée par Antiphon est à l'origine d'une confusion. La distinction que l'on a voulu voir entre Antiphon d'Athènes, le sophiste et Antiphon de Rhamnonte, le rhéteur, résulte en partie, comme nous l'avons vu, de l'opposition entre la conception égalitariste du traité *De la vérité* et le positionnement politique de l'orateur en faveur de l'aristocratie.

Cependant, dans son traité de la *Concorde*, Antiphon rappelle que l'union dans une société politique est une convention que chaque citoyen conclut avec ses concitoyens pour s'assurer l'ordre et la stabilité. Dès lors, comme pour la loi, tout est affaire de convention. La concorde comme la loi n'ont de valeur qu'en société. Celles-ci ne sont pas des réalités naturelles, mais artificielles. Dans la nature, l'individu isolé n'est pas soumis à la loi et à la justice de la communauté civique. Il n'obéit qu'à une prescription et une seule, celle de la nécessité, c'est-à-dire de son intérêt. Antiphon en déduit immédiatement une conclusion, l'homme peut transgresser la loi et la justice en société dès lors qu'il est en mesure d'échapper au contrôle de l'autorité. L'individu doit s'organiser pour n'obéir aux lois que lorsque son intérêt lui commande de le faire. L'intérêt prévaut, car il procède d'une nécessité naturelle.

Antiphon avait soutenu face à Socrate cette opinion[16] qui contredisait en tout point la conception de la loi prônée par le philosophe[17]. C'est pourquoi Platon fit d'Antiphon l'un des adversaires de sa pensée. Or, si la thèse d'Antiphon conduisait à la conception d'une justice fondée sur la loi positive, elle débouchait inéluctablement sur le principe d'une justice naturelle dont le véritable ressort était la force. Sous couvert d'une interprétation utilitariste, la représentation politique d'Antiphon lui permettait de servir les intérêts de sa caste et de justifier le renversement du régime démocratique.

Entré tardivement en politique, Antiphon ne devait pas moins bouleverser la vie de la cité. Après la

---

[16]Xénophon, *Mémorables*, VI, 1-15.

[17]Eric Gilardeau, *Les grands procès politiques de l'Antiquité*, L'Harmattan, Paris, 2015, pp.70-71.

désastreuse expédition de Sicile qui laissa exsangue la marine athénienne, le véritable soutien de la démocratie, il fut avec Théramène en 411 à l'origine du renversement du régime démocratique et de la réunion à Colone le 9 juin 411 de cinq mille partisans de l'aristocratie afin de désigner un gouvernement provisoire formé des quatre cents adversaires les plus déterminés de la démocratie. Cependant au bout de quelques mois, ce gouvernement des Quatre-Cents finit par se diviser entre une aile modérée représentée par Théramène, favorable à un régime aristocratique tempéré et une faction oligarchique arquée sur le maintien des prérogatives du Conseil[18]. Antiphon incarnait cette dernière position au sein des Quatre-Cents. Affaibli par ses divisions, le coup d'état oligarchique ne pouvait perdurer. La flotte, qui avait pris ses quartiers d'hiver à Samos, fut de retour à Athènes à l'automne suivant. Le régime oligarchique était rapidement renversé. Immédiatement arrêté, Antiphon subit à la suite d'une eisangélie[19], sa mise en accusation[20] et sa condamnation à mort en 410 av. J.-C. pour haute trahison, malgré un plaidoyer des plus remarquables dont Cicéron célébrait encore l'éloquence dans le *Brutus*[21].

---

[18]E. Gilardeau, *op. cit.*, p.27.

[19]E. Gilardeau, *op. cit.*, p.35, « Cette procédure spécifique était du seul ressort de l'*ecclésia*. Si l'eisangélie s'apparente dans sa forme à un pouvoir judiciaire, cette procédure relève en réalité du pouvoir législatif. Elle était mise en œuvre dans le cas où les intérêts de la cité se trouvaient menacés par un acte qui n'était pas prévu et réprimé par une loi ».

[20]Plutarque, *Œuvres morales* Tome XII, 1ère partie : Traités 54-57, Vie des dix orateurs, trad. par Marcel Cuvigny et Guy Lachenaud, Les Belles Lettres, Paris, 1981, 22, qui a conservé l'acte d'accusation pour haute trahison.

[21]Cicéron, *Brutus*, trad. par Jules Martha, Les Belles Lettres, Paris, 1973, c, 12.

Cette parfaite maîtrise de l'art oratoire fit d'Antiphon l'un des dix grands orateurs attiques et le premier d'entre eux dans l'ordre chronologique[22]. Si au plan politique, son éloquence lui valut la défiance de ses concitoyens, celle-ci lui apportait dans le domaine judiciaire de nombreux clients en tant que logographe. Il fut à ce titre le premier orateur dont les discours furent publiés. Aussi, Antiphon occupe-t-il une place singulière dans l'éloquence judiciaire athénienne. En effet, les grands orateurs qui le précédèrent ou qui furent ses contemporains ne laissèrent aucune trace écrite de leurs discours judiciaires. Nous ne disposons ni des plaidoyers de Thémistocle, ni ceux d'Aristide. Antiphon fut donc le premier logographe de l'histoire judiciaire athénienne. Il passe, en conséquence pour être le fondateur de l'éloquence judiciaire à Athènes[23].

Plutarque rappelle qu'on attribue pas moins de soixante discours judiciaires à Antiphon[24]. Cependant, seuls six d'entre eux nous sont parvenus dans leur totalité. Une vingtaine de plaidoyers nous sont connus, mais sous forme de fragments. Tous les discours judiciaires d'Antiphon concernent des affaires criminelles. Mais, sur les quelques plaidoyers qui nous sont parvenus, trois seulement constituent des plaidoiries qui ont été réellement développées devant une juridiction. Il s'agit de l'*Accusation d'empoisonnement contre une belle-mère, De la défense pour Euphilétos à propos du meurtre d'Hérode*

[22]Antiphon, Andocide, Démosthène, Dinarque, Eschine, Hypéride, Isée, Isocrate, Lycurgue, Lysias.

[23]Plutarque, *Œuvres morales*, Tome XII, 1ère partie : Traités 54-57, Vie des dix orateurs, 4-5.

[24]Plutarque, *Œuvres morales*, 15.

et *Sur le choreute.* Les autres discours judiciaires sont de simples exercices d'école. Ils forment trois tétralogies[25].

Nous nous attacherons donc ici au premier plaidoyer qu'Antiphon a rédigé à l'attention de ses clients et qui a défrayé la chronique judiciaire à Athènes. Référencé discours I pour l'*Accusation d'empoisonnement contre une belle-mère*, nous ne disposons d'aucune information précise sur la date de ce procès. Il n'en reste pas moins que les hésitations que manifeste Antiphon dans le discours I, permettent de penser que ce texte précède de plusieurs années les discours V *Sur le meurtre d'Hérode* et VI *Sur le Choreute.* La maîtrise de l'argumentation comme celle du style est plus affirmée dans les deux derniers discours. Elle nous montre un praticien sûr de son art.

L'affaire sur l'empoisonnement mêle le caractère archaïque d'une procédure empreinte de sacré et de vengeance avec les principes qui régissent aujourd'hui nos procédures pénales modernes. Le procès est engagé sur le fondement d'une promesse qu'un père a fait jurer à son fils de tenir lorsqu'il serait en âge d'agir en justice : venger le crime d'empoisonnement dont il déclarait être la victime et qui aurait été perpétré par son épouse. Se pourvoir en justice et surtout faire condamner à mort le coupable était un devoir sacré pour le parent chargé de cette mission qui accomplissait une vengeance conçue comme une offrande faite à l'offensé. Gustave Glotz rappelle que « *le cri de vengeance proféré par la victime*

---

[25]Trois groupes de textes composés chacun .de quatre discours judiciaires.

expirante est une sommation inéluctable »[26]. Gustave Glotz ajoute que « *Dans le cas où la main criminelle a pu se dissimuler, par exemple, dans le cas d'empoisonnement, la parole de la victime fait foi : les vengeurs n'ont pas à faire d'enquête ; ils n'ont qu'à frapper la tête qui leur est désignée* »[27]. Le procès contre la belle-mère est un témoignage direct de ce droit pénal issu des âges les plus anciens où la culture de la haine et de la vengeance occupait encore une place essentielle dans la société grecque du Ve siècle (Chapitre I).

Mais, à côté de cet aspect archaïque, la procédure pénale athénienne présentait des caractères d'une remarquable modernité. La présomption d'innocence était notamment appelée à jouer un rôle fondamental dans la procédure du Ve siècle. Elle contraignait le mandataire de la vengeance à ne plus se satisfaire de la seule parole de la victime, mais à devoir faire la démonstration du bien-fondé de sa conviction. La présomption qui n'était pas énoncée sous la forme d'un principe, contrairement à notre propre système juridique, n'en présentait pas moins la forme implicite d'une règle autonome qui imposait à l'accusation de faire la preuve de la culpabilité du défendeur à l'action pénale. C'est donc un conflit de présomptions dans l'objet de la preuve qui se déroulait devant les juridictions athéniennes, mais toujours à l'aune du postulat qu'une simple conviction n'était plus suffisante pour faire condamner un accusé (Chapitre II).

---

[26]G. Glotz, *Solidarité de la famille dans le droit criminel en Grèce*, éd. Albert Fontemoing, Librairie des Ecoles françaises d'Athènes et de Rome, Paris, 1904, Chapitre III, p.69.
[27]G. Glotz, *ibid.*

Chapitre premier

Un testament de haine[28] au fondement d'un procès d'empoisonnement

Le premier grand procès criminel de l'Antiquité grecque s'ouvre à la suite d'une affaire d'empoisonnement. Le statut social à Athènes détermine souvent le sort qui est réservé aux personnes soupçonnées de crime. En l'occurrence, la concubine de la première victime et l'épouse de la seconde connurent des destins judiciaires différents. La concubine en raison de sa qualité d'esclave fut exécutée après avoir avoué son crime sous la torture. La seconde ne fut pas immédiatement inquiétée. Ce n'est que bien des années après la mort du mari que le fils de ce dernier intenta un procès contre sa belle-mère après prétendait-il, avoir reçu ce mandat de son père que justice lui soit rendue. Le fils accusait sa belle-mère non pas d'avoir empoisonné son père, mais d'avoir abusé l'esclave et concubine pour convaincre celle-ci de lui faire boire un breuvage qui était supposé n'être qu'un simple philtre d'amour. Comme nous le verrons pour les autres procès criminels de cet ouvrage, l'action pénale est mise en œuvre par une partie privée. En effet, la poursuite d'un homicide était, en l'absence de ministère public, du ressort des parents de la victime (Section I). Ce procès présente une particularité, car il oppose les membres d'une même famille. En effet, le représentant de la défenderesse était à

---

[28]G. Glotz, *Solidarité de la famille dans le droit criminel en Grèce*, *op. cit.*, p.69, « L'*επιδκηψιζ* est un testament de haine à force obligatoire ».

la fois le fils de celle-ci et le demi-frère de l'accusateur. L'accusateur fait grief à son demi-frère de défendre sa mère au lieu d'accomplir le devoir sacré de poursuivre celle qui est aussi la meurtrière de leur père. Ce procès nous informe sur le statut réservé à la femme dans la société athénienne. En effet, ces dernières ne pouvaient agir directement en justice. Elles devaient agir par le biais de leur *kyrios*[29]. Le *kyrios* littéralement « seigneur », en pratique un maître, qui était généralement leur mari ou en l'absence de celui-ci, leur plus proche parent de sexe masculin, en l'occurrence le fils de celle-ci. Bien qu'absente physiquement, la belle-mère n'en était pas moins présente dans le débat avec l'image que l'on attachait aux femmes dans ce type d'affaire toujours dépeinte sous le jour d'un être sournois qui aurait prémédité son crime de manière machiavélique (Section II).

Section I. Une affaire d'empoisonnement devant l'Aréopage

Est-il possible, en l'absence d'une date précise de situer approximativement la période au cours de laquelle le discours judiciaire *Sur l'accusation d'empoisonnement contre une belle-mère* a pu être prononcé ? Nicolas Richer nous donne à ce titre une indication qui pourrait permettre de fixer une limite dans le temps. Nicolas Richer rappelle, en effet, en se référant à l'affaire qui nous occupe qu'une torture pénale est connue à Athènes « *quelque temps avant 417* » et que celle-ci « *se distingue de la torture judiciaire*

[29]Claude Vial, *Statut et subordination*, in Odile Cavalier, *Silence et fureur. La femme et le mariage en Grèce*, Avignon, Fondation du Muséum Calvet, 1995, pp.339-357.

pratiquée sur un suspect, et de la torture de déposition, ainsi dénommée par Michael Gagarin et censée pouvoir être pratiquée sur un esclave témoin d'un acte délictueux»[30].

De son côté, Michael Gagarin précise que les discours sur l'empoisonnement et sur le meurtre d'Hérode ont été rédigés au cours des quinze dernières années de la vie d'Antiphon ce que semble suggérer le texte de Plutarque[31]. De plus, la lecture de *l'Accusation d'empoisonnement contre une belle-mère* nous révèle comme nous l'avons déjà indiqué, une maîtrise moins affirmée dans l'art de l'argumentation par rapport au plaidoyer *Sur la défense pour Euphilétos dans le meurtre d'Hérode* ce qui nous permet de considérer qu'il existe une certaine distance dans le temps entre ces deux discours. La date de 417 av. J.C. pourrait donc constituer le *dies a quo* et les années qui suivent immédiatement celle-ci le *dies ad quem*, ce qui permettrait de fixer une période approximative pour la tenue de ce procès entre 417 et 414 av. J.-C.

Nous n'avons pour cette affaire que l'acte d'accusation. Mais, nous le verrons, la position d'Antiphon dans le procès n'est pas aussi assurée que ce dernier veut bien l'affirmer. Nous sommes en mesure de reconstituer le plaidoyer de la défense à partir des arguments avancés par l'accusation. Dès lors, s'ouvre devant nous l'un des procès les plus passionnants tant par

---

[30]Nicolas Richer, *Introduction* in *La violence dans les mondes grec et romain*, actes du colloque international sous la direction de Jean-Marie Bertrand, Publications de la Sorbonne, 2005, p.16. et note 66 « Par exemple, sans doute quelque temps avant 417, chez Antiphon, *Accusation d'empoisonnement contre une belle-mère* ».

[31]Michael Gagarin, *op. cit.*, p.180.

l'originalité de son incrimination que par la richesse du droit criminel athénien qui présente de nombreux traits communs avec notre procédure pénale.

Les faits étaient les suivants. Philonéôs, de passage à Athènes vint au cours de son séjour résider chez l'un de ses amis qui mit à sa disposition le premier étage de sa maison. Philonéôs était accompagné de sa concubine, qui avait le statut d'esclave. Cependant, depuis quelques mois, Philonéôs s'était dépris de sa concubine et avait arrêté le projet d'abandonner celle-ci dans une maison publique[32].

Accablée par ce qu'elle pressentait être le projet de Philonéôs, la jeune esclave trouva une oreille attentive auprès de la maîtresse de maison qui se trouvait elle-même en délicatesse avec son époux. Aux cours de leurs échanges, la concubine de Philénos avoua qu'elle désespérait de pouvoir regagner l'amour de son amant et maître.

À ce moment de la narration, l'accusation précise que son hôtesse lui suggéra alors un moyen sûr de regagner les faveurs de Philonéôs et par la même occasion pour elle, celle de son mari si elle consentait à suivre fidèlement ses instructions. La jeune esclave accepta avec empressement et reconnaissance la proposition qui lui était faite, lui promettant d'obéir à ses ordres[33].

Son interlocutrice lui remit alors une fiole. Elle déclara qu'il s'agissait d'un philtre d'amour et que lorsque Philonéôs et son mari le boiraient, ces derniers retrouveraient leur passion passée. Or, l'occasion d'administrer le philtre devait se présenter quelques jours

---

[32]Antiphon, *op. cit.*, I, 14.
[33]Antiphon, I, 16.

plus tard. Philonéôs qui venait d'emménager au Pirée souhaitait célébrer en sa nouvelle demeure Zeus Ktésios, divinité protectrice du foyer et de l'*oikos*[34]. Son hôte et ami devait embarquer le jour même au Pirée dans un navire en partance pour l'île de Naxos. La concubine de Philonéôs l'assista au cours de la cérémonie et servit les célébrants lors du repas qui devait suivre. Conformément aux instructions qui lui furent données, la jeune esclave versa après le repas le philtre dans le vin qui devait servir aux libations des deux convives. Convaincue qu'il s'agissait d'un philtre d'amour, la concubine de Philonéôs désireuse de raviver la passion de Philonéôs lui versa une forte dose du breuvage qui lui avait été remis et réduisit d'autant la portion administrée à son hôte et ami[35].

L'effet fut immédiat, pris de violentes convulsions, Philonéôs périt quelques minutes après avoir bu la coupe que lui avait tendu sa concubine. Son ami, moins atteint se sentit mal, fut immédiatement transporté en sa demeure où il subit une rapide détérioration de son état de santé avant de mourir au bout d'une vingtaine de jours. Arrêtée, la jeune esclave, fut livrée à l'épreuve de la roue qui lui fit avouer son crime. Puis, elle fut exécutée[36].

L'affaire n'en resta pas là. Le fils de l'hôte de Philonéôs, issu d'un premier lit, décida de porter plainte contre sa belle-mère qu'il accusait d'être l'instigatrice du crime. Il déclarait agir à la demande expresse de son père qui lui avait confié, alors qu'il était enfant, le mandat de poursuivre sa belle-mère. La prescription n'existait pas dans le droit pénal athénien. Gustave Glotz rappelle à ce

---

[34]La maison, le patrimoine ; cf. *Infra*, Troisième partie, Chapitre I Section 2, p.139 et s.
[35]Antiphon, I, 19.
[36]Antiphon, I,20 .

titre que « *Avec ou sans vœu, l'obligation de la vengeance est imprescriptible. L'enfant trop faible pour agir est instruit dans son devoir jusqu'à ce qu'il ait la force de le remplir : par une savante culture de la haine, on le prépare au rôle qui lui est destiné* [37] . Le temps ne pouvait en aucune façon effacer le crime et sa répression.

Il n'existait pas non plus à Athènes de ministère public. La procédure pénale était d'ordre accusatoire. Il appartenait aux particuliers de mettre eux-mêmes en œuvre les instances criminelles. L'homicide faisait donc l'objet d'une action privée qualifiée de *dikè phonou*[38]. Or, en l'espèce, le fils de l'ami de Philonéôs agissait non seulement au nom d'un mandat que lui aurait confié son père, mais également en vertu de son devoir filial de venger ce dernier. De plus, l'accusateur retenait, comme nous le verrons, la préméditation qui relevait de la compétence exclusive du Conseil de l'Aréopage. Cette institution réunissait les anciens archontes qui étaient membres à vie de cette assemblée composée de cent cinquante membres et constituait une juridiction chargée des affaires d'homicide[39]. Pour mettre en œuvre le procès

---

[37]Gustave Glotz, *op. cit.*,Chapitre III, p.55.

[38]La *dikè phonou* en tant qu'action privée pour homicide incombait à la famille de la victime.

[39]L'archonte (du grec *archein*, « celui qui commande »), est un magistrat qui avait à la fois des attributions administratives, politiques et judiciaires. Au pluriel, le terme désigne les neuf principaux magistrats d'Athènes qui formaient un collège dont les fonctions étaient réparties entre ses membres de la manière suivante : l'Archonte que l'on désignait en particulier du nom générique donné à l'ensemble des membres du collège et que l'on qualifiait plus couramment d'archonte éponyme parce qu'il donnait son nom à l'année pendant laquelle les magistrats exerçaient leurs fonctions. Il avait la charge de l'administration intérieure de la cité ; l'archonte-roi ou *Basileus* qui présidait aux cérémonies religieuses et qui présidait le Conseil de l'Aréopage pour les affaires d'homicide et les crimes d'impiété ; le

contre sa belle-mère, le fils de la victime avait inscrit sa plainte auprès de l'archonte-roi ou *basileus* qui était en charge de la présidence de l'Aréopage.

Section II. Un procès criminel sur fond de vengeance familiale

La nuit tombait sur Athènes, lorsque le jeune accusateur se présenta dans la salle austère de l'Aréopage. Cette haute cour de justice criminelle se réunissait toujours au moment où le calme de la nuit envahissait les rues de la ville. Ainsi, les juges ne pouvaient être distraits par les activités bruyantes qui ponctuaient le cours habituel de la vie de la cité dans la journée.

Le jeune homme venait de gravir les marches abruptes et grossières menant à l'édifice qui se dressait solennel dans sa rude simplicité sur la colline d'Arès. En son faîte, son bloc de marbre gris dominait l'*Agora*, située en contrebas[40]. À l'Est, la Pnyx[41] suspendue dans l'éther, et à l'Ouest l'Acropole surplombée du Parthénon depuis 438[42] accentuaient la solennité de l'audience qui allait s'ouvrir.

---

polémarque qui assurait la direction devenue avec le temps honorifique des armées ; les six thesmothètes qui exerçaient collectivement des fonctions législatives et judiciaires.

[40]L'immense place publique d'Athènes, à la fois centre politique et économique de la cité située au nord de l'Acropole.

[41]Située au centre de la cité d'Athènes à l'Est de l'Acropole en surplomb de l'*Agora*, la *Pnyx* se présentait sous la forme d'un vaste théâtre antique en demi-cercle où venaient s'asseoir les membres de l'*ecclésia*.

[42]La construction du Parthénon commencée en 447 av. J.-C. et achevée en 438 av. J.-C..

Assis sur des sièges de bois brut, tenant à la main leurs sceptres d'ivoire, sous la présidence hiératique du *basileus*, les cent cinquante juges observent en silence l'accusateur et le représentant de l'accusée qui rejoignent leurs places, deux blocs d'argent taillés en forme de tribunes appelés respectivement, « pierre de l'anésie » ou autel de la « vengeance inflexible »[43] pour le poursuivant et « pierre de l'hybris » ou autel de l'orgueil qui pousse au crime pour l'accusé[44].

L'archonte-roi se leva et intima aux parties de procéder à la *diomosia kat'exoleias*, le serment qui inaugurait le procès. L'accusateur posa la main droite sur la pierre de l'anésie et devant les entrailles encore fumantes d'un taureau tué, selon des prescriptions religieuses immémoriales, il jura que les faits pour lesquels il portait l'accusation étaient la vérité, qu'il ne trahirait pas son serment et qu'à défaut, la vengeance retomberait sur lui et les siens. Puis, le représentant de l'accusée[45], en l'occurrence son fils, jura sur la pierre de l'hybris de rapporter fidèlement les faits qui démontreraient que sa mère, la marâtre de l'accusateur, ne pouvait avoir commis le crime dont on l'accusait et que s'il en était autrement la sanction le frapperait lui, l'accusée et les siens.

---

[43]Théophraste, *Traité des lois*, trad. Eugène de Rozière, Rodolphe Dareste et Edouard Laboulaye extrait de la Revue de Législation ancienne et moderne, française et étrangère, Paris, numéro de mai-juin 1870, 21.

[44]Théophraste, *Traité des lois*, *op. cit.*, 21.

[45]Les femmes n'avaient pas le droit d'accéder à l'enceinte judiciaire. De plus, les femmes à Athènes avaient le statut de mineur. Elles ne disposaient pas du droit d'ester directement en justice et devaient être représentées par leur père et si elles étaient mariées par leur mari et à défaut par leur plus proche parent masculin.

Le silence est alors impressionnant. Après avoir reçu l'autorisation de parler du *basileus*, c'est d'une voix mal assurée, que le jeune accusateur lit le discours rédigé à son attention par Antiphon. L'orateur l'avait prévu et avait inséré dans l'exorde du discours qu'il avait élaboré en tant que logographe le passage habituel sur l'inexpérience du plaideur. Mais, d'emblée, ce qui était peu ordinaire l'accusateur mettait en cause directement la personne même du représentant de l'accusée : « *Je suis jeune, juges, je n'ai pas l'expérience des procès, et cette affaire me met dans un embarras bien pénible, soit que, malgré les dernières volontés de mon père, je ne poursuive pas ses meurtriers, soit que cette poursuite m'oblige à tenir pour adversaires ceux qui devraient le moins l'être : des frères nés du même père que moi et la mère de ces frères* »[46].

Poursuivant avec un peu plus d'assurance, l'accusateur ajoute « *C'est la fortune, ce sont eux aussi, qui ont fait que ce procès a eu lieu entre nous : ils auraient dû être les vengeurs du mort et les alliés de l'accusateur, et c'est tout le contraire qui s'est produit ; ils se sont faits mes adversaires et les meurtriers de mon père, comme le porte mon accusation* »[47]. Le discours d'Antiphon cherche sans attendre à enfermer la partie adverse et plus particulièrement, le fils de l'accusée dans une contradiction tout en faisant ressortir la légitimité de sa qualité d'accusateur.

En effet, ce dernier fait ressortir le manquement du représentant de l'accusée à ses devoirs filiaux. Il est lui aussi le fils de la victime. Il devait donc poursuivre lui-même le crime commis contre leur père. Ce devoir était d'autant plus impérieux que selon les indications de

[46]Antiphon, I, 1.
[47]Antiphon, I, 2.

l'accusateur, le défunt avait lui-même demandé que les auteurs du crime fussent poursuivis. Il s'agissait là d'un mandat formel qui ne souffrait pas qu'on puisse y déroger, à la manière d'un testament. Antiphon utilisera ce grief un peu plus loin dans le discours, mais cette fois à l'adresse des juges pour leur rappeler qu'ils n'étaient pas véritablement libres de leur jugement. En effet, en écho à l'exorde sur un ton pathétique et suppliant, il s'écriera « *Voyez maintenant combien ma prière est plus juste que celle de mon frère : ce que je vous demande, c'est de vous faire les vengeurs du mort, victime d'un irréparable forfait ; lui n'intercédera en rien pour le mort, qui mérite tant d'obtenir de vous pitié, secours et vengeance, qui a perdu la vie avant l'âge d'une manière impie et ignominieuse, victime des meurtriers les plus inexcusables ; en revanche, il priera pour la coupable : prière impie et sacrilège, que ne peuvent exaucer, que ne peuvent entendre ni les Dieux ni vous* … »[48].

Pour prévenir toute objection sur le fait que le fils de l'accusée n'avait pas lui-même engagé la poursuite contre sa mère, Antiphon avait pris le soin de préciser dans son texte que ce choix cornélien ne se posait pas entre la vengeance d'un père victime d'un empoisonnement et la défense d'une mère, suspectée d'être l'auteur de l'empoisonnement. L'accusation de la mère par son propre fils, aussi douloureuse soit-elle, s'imposait parce que son père avait été la victime innocente d'un crime abominable. Par là même, l'accusateur excluait le moindre doute sur la culpabilité de sa belle-mère : « *Une chose m'étonne chez mon frère : dans quelle intention s'est-il constitué mon adversaire ? Serait-ce qu'à ses yeux, la piété consiste à ne pas abandonner sa mère ? Il me semble, à moi, que c'est une bien plus grande impiété de délaisser la vengeance du*

[48]Antiphon, I, 21-22.

mort, surtout quand il a été la victime involontaire d'un guet-apens, et qu'elle a été sa meurtrière avec intention et préméditation »[49].

[49] Antiphon, I, 5.

Chapitre II

« Présomption d'innocence passe conviction » : un fondement du procès criminel au Ve siècle

Ce procès est un témoignage direct de la modernité de la procédure athénienne qui attachait à l'intention un rôle essentiel dans l'incrimination pénale. En effet, en matière criminelle, le droit pénal se fondait au Ve siècle sur la préméditation qui impliquait la démonstration circonstanciée de l'existence d'un élément moral distinct de la commission de l'acte lui-même. Ainsi, le droit pénal athénien consacrera le meurtre par instigation, une qualification qui est entrée récemment dans notre propre droit répressif. Mais, à côté de cette modernité, le droit athénien présente des aspects plus archaïques. À ce titre, la soumission des esclaves à la torture constituait le seul moyen pour rendre recevable leur témoignage. Comme nous le verrons un jeu de présomptions s'attachait aux conséquences d'un accord ou d'un refus du maître de soumettre son esclave à la question (Section I). Cette affaire d'empoisonnement nous permettra de voir qu'il existe un principe cardinal de la procédure pénale grecque, la présomption d'innocence. Celle-ci avait la même importance que dans notre droit. Mais, et c'est là également une des caractéristiques que connaît aujourd'hui notre procédure, cette présomption d'innocence pouvait être combattue par des présomptions contraires en faveur de la culpabilité (Section II). Dans cette mise en balance des présomptions et malgré toute l'habileté d'Antiphon en tant que logographe, il faut constater que l'accusateur n'avait pas même à sa disposition le moindre début de preuve du crime qu'il imputait à sa belle-mère. Mieux, l'étude des différentes pièces du dossier démontre tout au contraire l'innocence de cette dernière dans une affaire où pourtant cette présomption n'a pas été suffisamment mise en avant. Les raisons de l'action du beau-fils deviennent dès lors plus troubles (Section III).

Section I. Une incrimination d'instigation à l'empoisonnement

« *Intention et préméditation* », les derniers mots lâchés par l'accusateur résonnent avec force dans l'enceinte de l'Aréopage. Car, l'affaire n'est pas une affaire ordinaire d'empoisonnement. L'Aréopage est naturellement compétent pour tous les homicides. Mais l'accusation est ici d'une tout autre nature. Il n'existait pas à proprement parler d'incrimination particulière pour l'instigation d'empoisonnement. Dès lors, il est permis de s'interroger sur cette assimilation de l'instigation à l'empoisonnement en tant que crime. Nous avons ici une preuve de la modernité du droit pénal à Athènes aux alentours de l'année 417 av. J.-C. et l'évolution parcourue par le système juridique de la cité en un peu plus de deux siècles.

En effet, par la publication du droit en 624 av. J.-C., Dracon avait permis son évolution et tout particulièrement du droit pénal qui avait été jusqu'alors l'apanage de la noblesse[50]. Ce système répressif qui était appliqué au clan familial et qui présentait un caractère des plus primitifs par son absence de distinction entre les infractions, par ses

[50]Dracon, Archonte éponyme de l'année 624 av. J.-C..

sanctions brutales et par la responsabilité collective qu'il impliquait, se transforma progressivement au cours des années en un système juridique moderne. Ce droit, appliqué non plus à des clans familiaux, mais à des individus, permit aux juges de rechercher l'intention coupable et personnelle en ne limitant plus leurs investigations au seul constat de la commission des actes. En quelques décennies, l'homicide involontaire (*phonos akousios*) ne se confondit plus avec l'assassinat (*phonos ekousios*) et la sanction du crime fut désormais modulée en fonction de la gravité de l'intention de son auteur.

Aussi, la précision atteinte par le système juridique athénien dans l'analyse de l'intention était telle à l'époque d'Antiphon que l'instigation du crime d'empoisonnement entrait désormais dans la qualification de crime. À titre de comparaison, il nous faudra attendre en France la loi du 9 mars 2004[51] pour voir l'instigation à commettre un assassinat ou un empoisonnement entrer dans notre Code pénal en tant qu'incrimination à part entière, mais seulement lorsque ce crime n'a pas été commis ni tenté[52]. À défaut, il ne s'agira que d'un emprunt de criminalité par voie de complicité au titre d'une provocation à la commission de l'infraction[53].

Mais, le droit pénal athénien allait plus loin et c'était sur le fondement d'une incrimination d'instigation à

---

[51]Loi n°2004-204 du 9 mars 2004 portant adaptation de la justice aux évolutions de la criminalité.

[52]Cette incrimination se retrouve aujourd'hui à l'article 221-5-1 du Code pénal ,« Le fait de faire à une personne des offres ou des promesses ou de lui proposer des dons, présentes ou avantages quelconques afin qu'elle commette un assassinat ou un empoisonnement est puni, lorsque ce crime n'a été ni commis ni tenté, de dix ans d'emprisonnement et de 150 000 euros d'amende ».

[53]Article 121-7 alinéa 2 du Code pénal.

l'empoisonnement et non d'une simple complicité que l'accusateur poursuivait sa belle-mère. Reprenant d'un ton plus ferme, la lecture du texte préparé par Antiphon, le jeune homme articule l'argument essentiel de sa réquisition. Il trouve la preuve de la culpabilité de l'accusée dans le refus de la partie adverse de se soumettre à la seule démarche qui pouvait attester de son innocence, l'application de la question à leurs esclaves[54].

En effet, le témoignage d'un esclave n'était recevable que s'il était recueilli sous la forme de la question, c'est-à-dire de la torture. Cependant, l'interrogatoire n'était possible que si le propriétaire des esclaves, en l'occurrence la partie adverse, donnait son accord à la mise en œuvre de cette mesure[55]. Les deux parties devaient s'entendre sur les informations obtenues à ce titre pour reconnaître leur valeur de preuve. Aussi l'accusateur avait-il sommé le représentant de l'accusée de répondre à cette demande. Mais, ce dernier n'avait pas donné suite à la sommation.

Dans un premier temps, l'accusateur déduit de ce refus que le représentant de l'accusée avait le moyen facile de faire la preuve de son innocence ce qu'il s'est refusé à faire. S'étant privé du moyen d'avoir cette preuve, le fils de l'accusée, ne pouvait invoquer l'innocence de sa mère, car « *il ne pourra pas dire qu'il a la certitude de l'innocence de sa mère* »[56]. En effet, « *Si les esclaves n'avouaient pas, il pouvait en connaissance de cause faire une défense énergique ; et sa mère eût été déchargée.*

---

[54]Antiphon, *op. cit.*,I, 6.
[55]Mogens Herman Hansen, *La démocratie athénienne à l'époque de Démosthène*, Texto, Taillandier, Paris, 2009, p.237.
[56]Antiphon, *op. cit.* I, 6.

•

Mais dès lors qu'il se refusait à faire la preuve, comment peut-il connaître ce qu'il a refusé d'apprendre »[57].

Dans un deuxième temps, l'accusateur explique ce refus. La mère comme le fils savaient que les esclaves soumis à la question auraient parlé. « *Ah, il savait bien que la question donnée aux esclaves, c'était la perte assurée de sa mère ; se refuser à la question, c'était, pensait-il, le salut pour elle : ils s'imaginaient qu'ainsi la vérité serait étouffée* »[58]. Or, dans la Grèce antique, résister à la torture, c'était faire la démonstration de la bonne foi du maître. À l'inverse, l'aveu était la preuve formelle de sa culpabilité.

Mieux encore, selon l'accusateur, les esclaves n'auraient pas manqué d'avouer qu'elle n'était pas à son coup d'essai. Ceux-ci savaient, en effet, ce que ne pouvaient ignorer les enfants de sa belle-mère puisque «*antérieurement déjà, cette femme, leur mère, avait attenté par le poison à la vie de notre père ; que celui-ci l'avait prise sur le fait et qu'elle n'avait pas nié, prétendant seulement qu'elle administrait le poison non pour le faire périr, mais comme philtre* »[59].

Après avoir démontré que le défendeur avait refusé d'apporter la preuve de l'innocence de l'accusée et d'acquérir pour lui-même la certitude de celle-ci, car il savait que les esclaves avoueraient sa culpabilité, l'accusateur ajoute qu'il ne pouvait en être autrement puisque son demi-frère aurait commis un parjure, « *Comment donc n'aurait-il pas été parjure en prêtant le serment contradictoire lui qui prétend savoir ce qu'il a refusé d'apprendre quand je proposais de recourir sur le*

---

[57]Antiphon, *op. cit.*, I, 7.
[58]Antiphon,*op. cit.*, I, 8.
[59]Antiphon, *op. cit.*, I, 9.

fond de l'affaire au plus juste des moyens, à la torture ? »[60].

Pour montrer que son offre de mise à la question des esclaves de sa belle-mère était faite sans aucune pression à l'égard de la partie adverse, puisqu'il leur demandait « *de procéder eux-mêmes à la torture en ma présence, pour que les esclaves ne fussent pas forcés de dire ce que je leur demanderais en personne* »[61]. Cet argument était donné à bon compte, car, lorsque la torture était mise en œuvre, son application était ordinairement laissée à la disposition du maître de l'esclave.

Section II. Une mise en balance des présomptions d'innocence et de culpabilité

En guise de démonstration définitive, l'accusateur développe une argumentation *a contrario*, qui est riche d'enseignement sur l'état de la procédure pénale en cette fin de Ve siècle, une conception fort proche de celle qui est la nôtre aujourd'hui. En effet, l'accusateur ajoute : « *Or supposons que ce soit eux qui fussent venus me trouver dès qu'ils furent informés que je poursuivais le meurtrier de mon père, qu'ils eussent offert de me livrer les esclaves qui étaient en leur puissance, et que ce soit moi qui les eusse refusés : je sais bien qu'ils invoqueraient cela comme la plus forte présomption d'innocence ; eh bien, c'est moi qui ai d'abord offert de procéder moi-même à la question, qui ensuite leur ai demandé d'y procéder à ma*

[60]Antiphon, *op. cit.*, I, 8.
[61]Antiphon, *op. cit.*, I, 10.

place : à coup sûr, la même présomption doit être en ma faveur et à leur charge »[62].

Ici l'accusateur soulève une question qui met en cause la fonction de la présomption (*tekmêrion*) dans la procédure pénale à Athènes. L'argumentation que développe le texte d'Antiphon tend à démontrer que le droit de la cité recevait le principe d'une présomption. Mais, si nous nous plaçons du côté de l'accusée, peut-on parler d'une présomption d'innocence au sens moderne du terme ?

Si l'on se réfère à notre conception de la présomption d'innocence, à tout le moins sous la forme, qui nous a été transmise par l'école classique, il devrait être entendu comme un principe inhérent à la personne humaine, intangible en tant que mode de défense de la personne mise en accusation[63]. Il n'existe pas dans le droit athénien l'énoncé d'un principe équivalent à celui que nous pouvons trouver dans nos déclarations de droit ou nos textes législatifs. Cela ne signifie pas pour autant qu'une protection de même nature n'ait été mise en œuvre à Athènes.

Sans faire l'objet d'un énoncé précis, cette garantie était conçue comme un fondement traditionnel de la procédure pénale. Démosthène le rappelait dans ces termes : « *Il est contraire à la religion et à l'humanité qu'un homme qui n'est peut être pas coupable soit livré, sur une imputation semblable, sans débats et sans*

---

[62]Antiphon, I, *op. cit.*, 11.

[63]E. Gilardeau, *Au crépuscule de la justice pénale*, Questions contemporaines, L'Harmattan, Paris, 2011, pp.61-62.

jugement »[64] et précisait « *il est clair que la personne arrêtée ne sera soumise à aucune sanction avant que la sentence portant condamnation ne soit prononcée*[65]. Cette formulation n'est pas sans rappeler *mutatis mutandis* l'article 9 de la déclaration du 26 août 1789, « *Tout homme étant présumé innocent jusqu'à ce qu'il ait été déclaré coupable* ».

Aussi Démosthène précisait-il que « *tous ces mots, meurtre, sacrilège, trahison et autres semblables, tant qu'il n'y a pas eu jugement ne sont que titres d'inculpation : ils ne désignent des crimes qu'une fois que l'accusé a été jugé et convaincu* »[66]. et pour illustrer ces précédentes analyses que « *celui qu'un vote a déclaré coupable : personne ne peut être soumis à cette appellation sans avoir été condamné après un débat contradictoire* »[67].

L'accusateur sait qu'il lui faut renverser cette présomption. Cependant, à la différence de la conception qui prévaut aujourd'hui le fait pour un accusé de ne pas apporter la preuve de son innocence ne pourrait pas lui être opposée. Cependant, les derniers avatars législatifs et jurisprudentiels en matière de présomption d'innocence conduisent à utiliser le silence de l'accusé comme un indice de sa culpabilité[68]. Dès lors, la présomption qui résultait du refus du représentant de l'accusé de soumettre ses esclaves à la torture constituait également un argument

---

[64]Démosthène, *Plaidoyers politiques*, Tome II, *Contre Aristocrate*, trad. Jules Humbert et Louis Gernet, Les Belles Lettres, Paris, 2002, 76.
[65]Démosthène, *Contre Aristocrate*, 80.
[66]Démosthène, *Contre Aristocrate*, 26.
[67]Démosthène, *Contre Aristocrate*, 29.
[68]Eric Gilardeau, *op. cit.*, pp.90-159.

très sérieux pour les juges de l'Aréopage équivalent à celui que l'on tire aujourd'hui du silence.

Dès lors, la présomption d'innocence pouvait être renversée. Puisque l'accusée et son représentant se dérobaient, les juges devaient retenir une présomption, mais cette fois en faveur de l'accusateur. Il s'agissait non pas seulement de tirer une déduction du refus opposé par les défendeurs de soumettre leurs esclaves à l'épreuve de la question, mais de faire valider aussi toute son argumentation. Or, ce dernier aspect du discours, loin de démontrer la force de la position de l'accusateur, mettait en évidence bien au contraire son extrême faiblesse.

Section III. Un réquisitoire contradictoire : l'inexistence des preuves annoncées

Il est dès lors possible de reconstituer le plaidoyer en faveur de l'accusée à partir des lacunes que comporte le discours préparé par Antiphon. Le fils de l'accusé prend la parole à son tour. Il soulève d'emblée la fragilité de l'accusation qui ne démontre à aucun moment et mieux encore ne cherche pas à prouver les faits qu'elle allègue à l'encontre de sa mère. La seule argumentation que développe l'accusateur tout au long de son réquisitoire consiste seulement à déduire une culpabilité de la fin de non recevoir opposée à sa sommation de soumettre leurs esclaves à la question.

Où sont les preuves de l'accusateur ? Il n'y en a pas. Et pour cause, elles n'existent pas. L'accusateur se contente de faire une narration, c'est-à-dire de simples allégations pour tenter d'imputer la cause de la mort à une instigation dont sa belle-mère aurait été l'auteur. Il est incapable d'apporter la plus petite preuve de la préméditation qu'il impute à sa belle-mère.

Ce dernier s'est avancé, en effet, jusqu'à promettre de faire la preuve de précédents agissements et avait fait de cette démonstration la condition de la crédibilité de son accusation de la manière suivante : « *Mais voici ma prière, juges : si je prouve que leur mère a commis un meurtre avec intention et préméditation sur la personne de mon père, qu'elle a été prise non pas une fois, mais souvent, en flagrant délit de tentative d'assassinat contre lui, soyez d'abord les champions de vos lois ...* »[69]. Cet engagement « *si je prouve que leur mère a commis un meurtre avec intention et préméditation (...) non pas une fois, mais souvent en flagrant délit de tentative d'assassinat* »[70], l'accusateur ne l'a pas tenu, parce qu'il n'était pas capable de le tenir.

Cette promesse est si peu suivie d'effet, qu'Antiphon en est réduit à limiter les preuves promises à une seule et simple allégation ce qui en dit long sur la carence de son client dans l'administration de la preuve. Quand cette déclaration de l'accusée a-t-elle eu lieu ? A-t-elle été faite en présence de témoins et dans l'affirmative, qui sont-ils ? L'accusateur laisse toutes ces questions sans réponse.

Aucune preuve de ces prétendues tentatives commises de surcroît en flagrant délit. L'accusation confrontée à cette absence cruelle de preuve tentait de s'en constituer une, par le biais d'une sommation faite à ses adversaires, afin qu'ils soumettent leurs esclaves à la

---

[69]Antiphon, *op. cit.*, I, 3.
[70]Antiphon, *ibid.*

question. Chacun sait que sous la douleur, il est facile de faire avouer celui qui est soumis à la question pour que soit mis fin à ses tourments.

Il n'appartenait pas à l'accusé de pallier ce manquement caractérisé de l'accusation dans l'accomplissement de sa fonction majeure, qui était d'apporter la preuve de ses allégations. De plus, l'accusé n'avait pas à subir les conséquences de la carence de l'accusation à tenir sa promesse plus particulière sur les précédentes tentatives de la belle-mère faite formellement devant les juges. Or, la soumission des esclaves n'était pas le seul mode de preuve à la disposition de l'accusation.

Il suffisait au beau-fils de produire des témoignages. Or, dans cette affaire, il n'existe aucun témoignage. Pourtant, il était facile de trouver des témoins. En effet, à la différence de Philonéôs, le père de l'accusateur était resté vingt jours conscient. Le jeune homme déclare à ce titre que ce dernier lui aurait confié alors qu'il n'était qu'un enfant qu'il avait été empoisonné par sa femme et que celle-ci avait tenté de commettre cet acte à plusieurs reprises. Il est pour le moins étonnant que si la victime, suffisamment consciente de l'acte dont elle se prétendait la victime pour le dire à un enfant afin qu'il le venge, ne l'ait pas confié au cours de ces vingt jours à des proches, des intimes voire des relations qui ont dû lui rendre visite. Il ne s'est même pas confié au médecin qui l'avait soigné. Personne n'a recueilli les propos que le père aurait tenus à son fils mineur.

La défense ne pouvait que soulever ces arguments. Or, l'allégation de l'accusateur consistant à déclarer que le refus des défendeurs de soumettre leurs esclaves à la question était une présomption en sa faveur pouvait lui être opposée en ce qui concerne l'absence de production de témoins. En effet, les témoins dans les affaires d'homicides volontaires étaient tenus de prêter le même serment, la *diomosia*, que les parties et en l'occurrence que l'accusateur. Les témoins devaient donc jurer la culpabilité de l'accusé. Dans ces conditions, l'impossibilité pour l'accusation de produire des témoins, démontrait l'inanité de ses imputations puisque personne n'avait jamais entendu les propos que l'accusateur prétendait avoir seul entendu alors qu'il était mineur.

Mais, sur le terrain de la torture, l'accusateur se trouvait face à une contradiction insurmontable. En effet, il reconnaissait que la concubine de Philonéôs avait subi la question : « *Celle qui servit d'auxilliaire et d'exécutrice a maintenant le salaire qu'elle méritait, bien qu'elle n'eût pas eu l'initiative – après avoir été mise à la roue, elle fut livrée au bourreau* »[71]. Or, si l'épreuve de la roue lui avait arraché l'aveu de son crime, il n'en fut pas de même pour l'instigation imputée à l'accusée. Si la concubine de Philonéôs avait mis en cause sa belle-mère, son gendre n'aurait pas manqué d'en faire état dans son réquisitoire. Or, si l'esclave de Philonéôs n'a rien dit c'est qu'il n'y avait rien à dire. Pour retenir l'allégation d'une complicité entre l'accusée et l'auteur direct de l'empoisonnement, il fallait que celle-ci puisse s'articuler sur des faits réels. Ces faits n'existaient pas. Ici, la défense disposait d'un nouvel argument de poids qui s'opposait à l'accusation sur le terrain même où cette dernière avait cherché à trouver sa planche de salut, la torture.

C'est donc une accusation vide, sans fondement et exclusivement formée d'allégations construites de toutes pièces qui avait été faite à l'égard de l'accusée. La cause,

[71] Antiphon, *op. cit.*,I, 20.

pour laquelle Antiphon avait rédigé son discours, était des plus fragiles. Si le refus de soumettre ses esclaves à la question pouvait présenter une certaine importance pour les juges de l'Aéropage, l'absence de preuves dans cette affaire tellement criante en présence de l'aveu de l'auteur des faits soumis à la question et qui avouait son crime, mais qui ne disait rien des instructions que l'accusée lui aurait données, faisait pencher la balance du côté de l'accusée.

À l'issue de ce procès, nous nous interrogeons à la suite de Michaël Martin sur les véritables raisons qui avaient conduit le beau-fils à lancer cette accusation contre sa marâtre. « *En effet*, écrit Michaël Martin, *quelles sont les réelles motivations de ce fils, sincères ou plus sombres ? Le fait que ce procès ait lieu plusieurs années après les faits est peut être un indice qui nous permettrait de pencher vers la seconde solution. On se retrouverait alors dans une situation où la sorcière, la belle-mère en question, serait victime d'une fausse accusation à des fins plus matérielles et qui nous échappent* »[72].

Nous n'avons pas la sentence rendue par l'Aréopage dans cette affaire. Mais, face à une accusation aussi fragile, cette haute juridiction criminelle ne pouvait qu'éprouver une réelle difficulté pour trancher en faveur de la thèse soutenue par le beau-fils. La conception de la justice à Athènes et tout particulièrement les garanties destinées à préserver la présomption d'innocence n'étaient pas une simple profession de foi, mais un concept juridique qui dominait toute la procédure pénale. Elle était une partie intégrante de la démocratie athénienne. Un accusé ne pouvait être condamné que sur des preuves tangibles. Le discours d'Antiphon s'inscrivait dans une

---

[72]M. Martin, *op. cit.*, p.430.

cause qui pouvait difficilement prospérer au regard des principes fondamentaux de la procédure pénale en vigueur à Athènes en cette fin du Ve siècle.

Deuxième partie

LA MORT ENIGMATIQUE D'HERODE : DISPARITION OU MEURTRE PREMEDITE ?

Le procès sur la mort d'Hérode est l'une des affaires criminelles les plus mystérieuses que la Grèce antique ait eu à connaître. Le corps de la victime n'a jamais été retrouvé. Mais, les parents d'Hérode furent très vite persuadés que cette disparition était un meurtre et que l'un des passagers, qui habitait la même cité que la victime et qui se trouvait à bord du navire dans lequel les deux hommes avaient pris place devait nécessairement être l'auteur du crime. Par le nombre et la diversité des moyens de droit soulevés au cours des débats, ce procès offre un témoignage saisissant à la fois sur la modernité de la procédure pénale athénienne dont les règles nous sont aujourd'hui familières et sur la brutalité de celle-ci à travers la torture qui montre le peu de cas que l'on faisait de la vie et de la dignité de l'esclave. Tout au long de ses développements, ce procès nous dévoile l'état des relations entre les colons athéniens, installés sur le sol d'une citée alliée et les habitants de celle-ci. L'inimitié, la défiance, la souffrance, la vengeance et l'esprit de lucre sont les sentiments qui couvent sous les règles de procédure. C'est tout un pan d'une histoire à la fois connu dans ses grands évènements, mais méconnu dans sa dimension humaine qui nous est ici restitué. Ce procès est également remarquable par les discussions qu'il provoque de nos jours chez les historiens. Le présent ouvrage s'inscrit dans ce débat et se propose de reprendre ce qui s'apparente, selon nous, à un véritable *a priori* contre les arguments proposés par Antiphon, le logographe du plaidoyer. Nous démontrerons que les moyens de droit soulevés ne sont pas, comme le soutiennent nos collègues, les arguties d'un sophiste. La démonstration d'Antiphon est sérieuse et minutieuse. Elle est celle d'un spécialiste de la procédure pénale qui fait apparaître les erreurs juridiques commises par ses adversaires. L'analyse du dossier nous permettra également de constater que l'accusation a été construite à partir d'un détournement des règles de la procédure et sur des pièces fabriquées pour les besoins de la cause.

Le procès présente trois aspects fondamentaux. Dans un premier temps, l'accusation déploie les preuves de son action contre Euxithéos. Le choix de la procédure n'est pas anodin. Les parents d'Hérode poursuivent l'accusé au titre d'une procédure de flagrant délit destinée à réprimer les voleurs et brigands. Mais, très vite les preuves produites par les parents de la victime servent à justifier une accusation de meurtre et pas n'importe quelle accusation de meurtre, celle d'un assassinat, c'est-à-dire d'un crime prémédité par Euxithéos sur la personne d'Hérode (Chapitre I). L'accusé, qui n'est pas à Athènes, découvre la procédure mise en œuvre à son encontre, il rejoint promptement la capitale de l'Attique pour dénoncer avec force non seulement l'atteinte qui est faite à sa présomption d'innocence, mais les différents vices de procédure qui invalident l'action entreprise par ses adversaires. Cette argumentation fait aujourd'hui l'objet des critiques de nos collègues, mais elle est, pour l'historien et l'avocat que nous sommes, un plaidoyer convaincant au plan de la technique procédurale alors en vigueur (Chapitre II). Avec un soin minutieux, Antiphon place l'accusation face à ses contradictions et dévoile la manipulation des pièces et de la procédure que les parents d'Hérode ont mis en œuvre pour perdre son client. Plaçant nos pas dans ceux d'Antiphon, nous conduirons également nos propres investigations dans l'examen des pièces. Nous pourrons alors constater que c'est bien pour un intérêt financier que les parents d'Hérode ont agi de la sorte. Par le biais d'une mise en accusation dans le cadre d'une procédure sommaire réservée aux *kakourgoi* (malfaiteurs), ces derniers espéraient tirer profit d'une condamnation à mort d'Euxithéos. En effet, la confiscation des biens du condamné était une peine complémentaire à la sentence capitale. Dans une telle hypothèse, une partie du patrimoine d'Euxithéos aurait été distraite au profit de ses accusateurs (Chapitre III).

Chapitre premier

Une procédure de flagrant délit sur une présomption d'assassinat

À peine ont-ils appris la disparition d'Hérode que les parents de la victime dirigent immédiatement leurs soupçons vers Euxithéos. Alors qu'ils imputent à ce dernier le meurtre d'Hérode, les accusateurs intentent contre lui une procédure sommaire de brigandage en flagrant délit et cela sans articuler le moindre grief de vol ou de rapine comme l'exigerait cependant une telle action (Section I). Afin de réunir les pièces qui leur permettront de fonder leur accusation, les parents d'Hérode soumettent à la question l'esclave d'Euxithéos qui avait été chargé par l'accusé d'informer ces derniers de la disparition d'Hérode. La torture, comme nous l'avons vu dans l'affaire précédente, était le seul moyen à Athènes pour recevoir en justice l'attestation d'un esclave. Nous verrons que cet interrogatoire a bien eu lieu, malgré la réserve émise par Louis Gernet sur l'existence du procès-verbal d'audition qui est pourtant une pièce du dossier indiscutable puisque, sans ce document l'accusation n'aurait pu se prévaloir du seul aveu qu'elle a pu extorquer au malheureux serviteur d'Euxithéos (Section II). Mais, devant les contradictions de l'esclave et sa rétractation après l'aveu, les accusateurs cherchèrent dans un billet opportunément découvert sur le navire où l'esclave et l'ami de l'accusé avaient pris place la preuve que le meurtre aurait été commandité par un homme du nom de Lycinos. Ce billet témoigne également du rôle qu'était appelé à jouer l'écrit dans la procédure pénale athénienne, celle d'une pièce complémentaire dans l'administration de la preuve devant les juridictions d'Athènes. C'est bien ce rôle que lui feront jouer les accusateurs (Section III). Les parents d'Hérode articulent un autre motif qui aurait conduit Euxithéos à tuer Hérode. Ce dernier aurait agi à l'instigation de son père. Le procès criminel va prendre dès lors une coloration politique. Sans connaître les faits mis en avant par les accusateurs, il est manifeste que ces derniers considéraient qu'un différend d'ordre politique, voire patrimonial entre Hérode, colon athénien et le père d'Euxithéos, personnalité de l'île de Mytilène, soupçonné d'avoir pris part à la révolte de cette cité contre Athènes pouvait constituer l'un des mobiles du crime (Section IV).

Section I. Une accusation de meurtre sous couvert d'un flagrant délit de brigandage

À Mytilène[73], un Athénien du nom d'Hérode, embarqua à bord d'un navire en partance pour la Thrace[74]. D'autres passagers prirent également place pour ce voyage. Parmi eux, Euxithéos, un Mytilénien qui avait pour destination la ville d'Aenos en Thrace, située à l'embouchure du fleuve Hebros où séjournait son père[75]. Peu de temps après avoir quitté la cité de Mytilène, le navire fut confronté à une tempête aussi soudaine que violente, ce qui était fréquent dans cette partie de la mer Egée. Le vaisseau fit relâche dans une rade aménagée non

[73]La principale ville de l'île de Lesbos située dans la mer Egée non loin des côtes de l'Asie Mineure.

[74]Territoire situé au nord de la mer Egée et bordé à l'Est par le Pont-Euxin.

[75]Hebros est un fleuve de la province de Ciconia en Thrace orientale où, selon la légende, la tête d'Orphée fut jetée par les Ménades.

loin de Méthymne[76] sur la côte nord de l'île de Lesbos où avaient également trouvé refuge d'autres navires. Les passagers débarquèrent pour rejoindre un bâtiment, qui, à la différence du bateau qu'ils venaient de quitter, était entièrement ponté et leur permettrait de s'abriter de la pluie battante. Les passagers y passèrent la nuit[77]. Pour tromper leur ennui, ceux-ci se mirent à jouer aux osselets et à boire plus que de raison. Alors que la nuit tombait, on vit Hérode titubant quitter le navire. Le lendemain alors que la tempête s'était apaisée, l'équipage et les passagers découvrirent qu'Hérode manquait à l'appel.

Les recherches s'organisèrent deux jours durant[78]. Mais, très vite le constat s'imposa. Personne n'avait vu Hérode dans le port ou dans la cité de Méthymne. Il restait introuvable. Euxithéos proposa alors d'envoyer l'esclave et l'ami qui l'avaient accompagné à Mytilène pour s'assurer qu'Hérode n'était pas retourné à son point de départ et à défaut, prévenir ses proches[79]. Les messagers partirent avec le navire, qui avait servi de gîte pour la nuit, en direction de Mytilène[80]. Dans le même temps, les passagers au nombre desquels se trouvait Euxithéos, reprirent leur voyage vers leur destination finale[81].

Informés, les parents d'Hérode se mirent à visiter avec fébrilité le navire. Puis, ils tournèrent leurs investigations contre les deux messagers se saisissant de leurs personnes afin de les soumettre à la question. La

---

[76]Petite cité située sur la côte nord de l'île de Lesbos à soixante kilomètres de la ville de Mytilène.

[77]Antiphon, *Discours, Fragments d'Antiphon le Sophiste*, trad. Louis Gernet, *op. cit.*, *Sur le meurtre d'Hérode*, V, 20, 21, 22, 23.

[78]Antiphon, *op. cit.*, *Sur le meurtre d'Hérode*, 27.

[79]Antiphon, *op. cit.*, V, 23, 24.

[80]Antiphon, *op. cit.*, V,29.

[81]Antiphon, *op. cit.*, V, 24.

famille d'Hérode voulait obtenir des aveux pour incriminer Euxithéos et l'accuser d'être l'auteur de la disparition d'Hérode[82]. Cité à comparaître, Euxithéos se rendit à Athènes où devait s'ouvrir le procès que lui intentaient les proches d'Hérode[83]. À peine arrivé, Euxithéos fut immédiatement emprisonné à la requête de ses accusateurs dans l'attente de son procès et cela, malgré les trois cautions que proposa ce dernier pour rester libre et préparer sa défense[84].

Le discours des accusateurs ne nous a pas été restitué. Mais, nous avons pu reconstituer à partir des indications données par la défense les principaux arguments qui avaient été développés au cours du réquisitoire. Nous connaissons tout d'abord la nature de l'action pénale mise en œuvre par les accusateurs. Euxithéos précise, en effet, qu'il a été « *arrêté comme malfaiteur à la suite d'une requête* »[85]. Il s'agit de l'une des trois procédures de flagrant délit[86] ouvertes à tous les citoyens d'Athènes[87]. Le plaignant est appelé à jouer le rôle que nous réservons dans nos procédures modernes à celui d'accusateur public. En l'espèce, l'action mise en œuvre contre Euxithéos est l'*Endeixis*[88]. Par cette

[82]Antiphon, *op. cit.*, V, 29.

[83]Antiphon, *op. cit.*, V, 13.

[84]Antiphon, *op. cit.*, V, 17.

[85]Antiphon, *op. cit.*, V, 9.

[86]Nous n'évoquerons pas l'*éphesis*, qui est une prise de corps pratiquée directement par un magistrat sur l'auteur d'une infraction commise en flagrant délit dans la mesure où cette procédure pénale ne concerne par la présente affaire.

[87]Mogens Herman Hansen, *Apagogé, Endeixis and Ephegesis against Kakourgoi, Atimoi and Pheugontes. A Study in the Athenian Administration of Justice in the Fourth Century B.C., Odense*, Odense University Press, 1976.

[88]Anatole Bailly, *Dictionnaire Grec Français*, Hachette, Paris, 2000, p.672 « *ενδειξιζ*, 1 action de montrer, de faire voir, Pol. *3, 38, 5* ;

procédure, l'accusateur ne procède pas lui-même à l'arrestation de l'auteur supposé de l'infraction, mais déclenche l'action publique en adressant une requête écrite au magistrat compétent[89]. Cette procédure se distingue de l'*Apagogé* qui permet à tout citoyen athénien d'arrêter lui-même l'auteur d'une infraction saisi en flagrant délit et de le conduire directement devant la juridiction concernée auprès de laquelle il jouera le rôle d'accusateur[90].

Or, nous verrons qu'il existe en l'occurrence une difficulté majeure[91]. Les commentateurs modernes de cette affaire entretiennent, nous semble-t-il, une confusion entre l'*Endeixis* et l'*Apagogé* et justifient bien rapidement la légalité de la procédure choisie par les accusateurs. Les arguments soulevés par Antiphon pour Euxithéos en faveur de l'illégalité de l'action pénale nous apparaissent mériter plus d'attention que celle que lui prêtent aujourd'hui nos collègues.

La juridiction compétente pour connaître ces procédures de flagrant délit est l'*Héliée*, un tribunal créé en 593 av. J.-C par le grand réformateur athénien, Solon (640 av. J.-C.- 558 av. J.-C.). Chaque année, six mille citoyens étaient tirés au sort parmi les membres de

---

d'où démonstration, Plat. *Leg., 966*b ; *p. suite,* preuve DC., *62, 23* ; NT. *Rom. 3, 25* 2 dénonciation, d'où poursuite ».

[89]Charles Victor Daremberg et Edmond Saglio, *Dictionnaire des Antiquités grecques et romaines*, Librairie Hachette, Paris, 1877, Tome II, Première partie (D-E), *Endeixis*. p.614.

[90]Ch. V. Daremberg, E. Saglio, *op. cit.*, Tome I, Première Partie (A-B), p.299 *Apagogè*, « Procédure sommaire autorisée par la loi athénienne contre certains délinquants dans le cas de flagrant délit. L'accusateur qui prenait le coupable sur le fait pouvait s'emparer de lui, en respectant toutefois son domicile, et le conduire devant le magistrat compétent ».

[91]*Infra* Chapitre II, Section II, p.86 et s.

l'*ecclésia*[92], âgés de trente ans, pour constituer la juridiction populaire qui prenait le nom d'*Héliée*[93]. Ce tribunal avait une compétence entière non seulement pour les affaires civiles et commerciales[94], mais également pour les affaires pénales[95] à l'exclusion des crimes de sang prémédités réservés à l'Aréopage et aux juridictions des Ephètes pour les homicides involontaires ou légalement excusables[96].

Selon une argumentation que nous développerons au chapitre suivant, la poursuite d'Euxithéos en tant que malfaiteur devant l'Héliée serait, selon Gustave Glotz et Louis Gernet, entièrement justifiée bien que nous nous trouvions en présence d'un meurtre prémédité[97]. Les meurtriers pouvaient entrer dans la catégorie des malfaiteurs dès lors que les procédures pénales de l'*Endeixis* et de l'*Apagogé*, faisaient de l'homicide une circonstance aggravante de l'infraction principale qui entrait dans la qualification de « *kakourgoi* » (malfaiteur)[98]. Euxithéos fait allusion à cette position des accusateurs dans son discours lorsqu'il reprend la motivation des parents d'Hérode, « *Ils répliquent que le meurtre est un acte caractérisé de malfaiteur* »[99]. De plus, la qualité d'étranger d'Euxithéos le destinerait

---

[92]L'*ecclésia* est l'assemblée politique et législative composée par les citoyens athéniens âgés de plus de dix-huit ans.
[93]A. Bailly, *op. cit.* « *Ηλιαια, αζ* 1. la place Hèliaea ».
[94]Actions prvées civiles, *dikai pros tina*.
[95]Actions privées pénales,*dikai kata tinos*.
[96]*Infra* Troisième Partie, Chapitre I, Section I, p.136.
[97]*Infra*, Chapitre II, Section I p.82 et s.
[98]M. Herman Hansen, *op. cit.*, p.225 rappelle à propos de la procédure *d'éphésis* que la qualification de « *kakourgoi* » est des plus larges, « cela incluait les voleurs d'esclaves, les coupeurs de bourse, les voleurs, les brigands, les cambrioleurs, les pilleurs de temples, les pirates, les adultères et certaines catégories d'assassins ».
[99]Antiphon, *op. cit.*, V, 10.

naturellement, selon Gustave Glotz, à cette procédure sommaire du flagrant délit[100]. Nous discuterons plus loin ces arguments que retiennent les commentateurs modernes en faveur de l'accusation[101]. Mais revenons tout d'abord au procès lui-même alors que les accusateurs s'apprêtent à lancer leur réquisitoire.

Section II. Le procès-verbal d'audition d'un esclave sous la torture

Avant de prendre la parole devant l'Héliée, les parents de la victime contemplent les héliastes qui siègent sur leurs bancs de bois rude. Ils savent comme le rappelle Gustave Glotz que « *Le privilège que Dracon avait constitué à la famille en matière d'accusation et que Solon avait scrupuleusement maintenu était désormais sacré* »[102]. Aussi, invoquent-ils, comme il est d'usage, le devoir qui incombe à la famille de poursuivre le crime dont a été victime l'un de ses membres. Comme nous l'avons vu dans l'affaire précédente de l'empoisonnement, ils demandent aux jurés de venger la mort de celui qui a été ignominieusement assassiné[103]. Ils appellent par cette action pénale si étroitement liée au devoir familial de piété la sanction d'un sacrilège commis en l'occurrence par une main étrangère.

---

[100]Gustave Glotz, *Solidarité de la famille dans le droit criminel en Grèce*, *op. cit.*, Livre III, Chapitre I, p.426 où ce dernier précise que la procédure sommaire de flagrant délit est mise en œuvre « contre les non-citoyens » et dans une note 2 vise notre affaire « Voir Antiph., *Sur le meurtre d'Hér.*, 17-18 ».

[101]*Infra* Chapitre II, Section II, p.83 et s.

[102]Gustave Glotz, *op. cit.*, p.425.

[103]*Supra* p.32.

Puis, dans la seconde partie de leur exorde, les accusateurs ajoutent avec solennité qu'ils ont fait emprisonner le meurtrier d'Hérode, car ce dernier se sachant coupable n'aurait pas hésité à s'échapper pour trouver refuge dans sa patrie, Mytilène et se soustraire ainsi à la juridiction de l'Héliée[104]. Cette argumentation que nous relevons dans le discours d'Antiphon va dans le sens de l'analyse que donne Gustave Glotz des procédures de flagrant délit à Athènes qui concerneraient non seulement les malfaiteurs, mais également les étrangers. Louis Gernet rejoint sans réserve la position de Gustave Glotz. Après une référence directe à l'analyse de ce dernier, Louis Gernet ajoute, en effet, « *mais aux non-citoyens, moins respectables, s'appliquait en matière de meurtre la vieille procédure organisée contre les malandrins* »[105].

Un autre argument en faveur des thèses de Glotz et Gernet peut se fonder sur le réquisitoire des parents d'Hérode. Ceux-ci précisent que malgré les trois cautions offertes par Euxithéos pour rester en liberté le temps du procès, cette demande insidieuse fut rejetée comme il se devait par les Onze[106] puisqu'une telle mesure ne pouvait bénéficier à un étranger[107]. Louis Gernet prend en considération l'hypothèse que le droit de fournir caution n'existerait pas pour les étrangers en matière pénale. Par voie de conséquence la plainte soulevée par Euxithéos à ce titre dans son plaidoyer serait sans objet dans la mesure où

---

[104]Antiphon, *op. cit.*, V, 13.
[105]L. Gernet, *op. cit.*, p.104.
[106]M. H. Hansen, *op. cit.*, Glossaire, p.440 « *Hoi hendéka* (les Onze) Collège de onze magistrats qui surveillait la prison, exécutait les sentences dans les procès publics et était responsable de l'exécution sans procès des *Kakourgoi* et des autres criminels ».
[107]Antiphon, *op. cit.*, V, 17.

ce dernier ne pouvait être privé d'une prérogative qui ne lui appartenait pas[108].

À l'issue de cet exorde, les accusateurs entreprennent le récit du meurtre de leur parent, Hérode. Ils rappellent qu'Euxithéos avait pris place parmi les passagers dans le navire où se trouvait Hérode à destination d'Aenos et que le vaisseau dut faire relâche sur les côtes de Méthymne en raison de la tempête qui s'était levée. Ils rappellent également que les occupants du navire furent contraints de le quitter pour rejoindre le bord d'un autre vaisseau qui était ponté. Ils y passèrent la nuit à l'abri des intempéries.

Sans ambages, les accusateurs déclarent avec véhémence qu'ils détiennent la preuve du meurtre commis par Euxithéos. Ils brandissent les aveux du serviteur du meurtrier, qui, soumis à la question[109], avait reconnu que son maître et lui avaient bien pris part au crime. L'esclave d'Euxithéos précisait le déroulement des faits. Il déclarait qu'ils avaient quitté de nuit le navire où Euxithéos et lui-même avaient trouvé refuge en compagnie d'Hérode. Qu'une fois à terre, ils s'étaient éloignés du vaisseau. Sûrs de n'être vus, ni entendus, ils frappèrent Hérode à la tête en s'aidant d'une pierre tuant celui-ci sur le coup[110]. Pour ne laisser aucune trace de leur forfait, ils résolurent de rejoindre le bord subrepticement en transportant le corps. S'avisant que le pont était désert ils jetèrent le corps d'Hérode à la mer qui s'enfonça dans les flots[111].

[108]L. Gernet, *op. cit.*, p.104.
[109]Antiphon, *op. cit.* V, 40 « mis à la roue ».
[110]Antiphon, *op. cit.*, V, 26, V, 44.
[111]Antiphon, *op. cit.*, V, 28

Dans son commentaire du discours d'Antiphon, Louis Gernet émet un doute sur l'existence même du protocole destiné à recueillir les aveux de l'esclave. En effet, Louis Gernet infère du discours d'Antiphon qu'il serait permis de s'interroger sur la production de ce document aux débats, « *on ne voit même pas que procès-verbal en ait été dressé* »[112]. Nous ne partageons pas la réserve de Louis Gernet. En effet, dans son plaidoyer, Euxithéos n'invoque à aucun moment l'absence du procès-verbal ce que n'aurait pas manqué de soulever Antiphon, le logographe de son discours, si ce document n'avait pas été établi et communiqué. On voit mal comment les accusateurs pourraient se prévaloir des aveux de l'esclave si cette pièce n'existe pas. En imaginant qu'il n'y aurait eu aucun procès-verbal, ce qui serait, contraire aux règles de la procédure pénale en la matière, il existerait à tout le moins des témoignages. Or, à aucun moment Euxithéos ne réfute un quelconque témoignage. Ce dernier n'aurait pas hésité dans une telle hypothèse à mettre en cause directement la ou les personnes qui auraient rapporté les déclarations du supplicié. Or, l'accusé se réfère aux seules déclarations de son serviteur. Dès lors, ses aveux ne pouvaient êtres rapportés d'une autre manière que sous la forme d'un procès-verbal. N'oublions pas qu'en l'absence de protocole, la recevabilité de l'aveu lui-même se trouverait compromis. Il ne fait aucun doute que la pièce a bien été produite ce qui explique le débat contradictoire dont celle-ci fait l'objet entre les parties.

Contrairement à Louis Gernet, nous considérons que la critique à propos du procès-verbal doit se situer à un autre niveau. Si, comme nous venons de le voir, l'existence du protocole ne fait aucun doute, nous

[112]Louis Gernet, *op. cit.*, p.119 note 2.

exprimerons bien plus qu'une réserve sur les conditions dans lesquelles le procès-verbal a été établi et par voie de conséquence sur le contenu des déclarations qui y sont consignées. Nous constaterons, en effet, au chapitre trois que les aveux du supplicié ont été recueillis dans des circonstances pour le moins particulières pour ne pas dire suspectes et nous verrons que la présentation de l'attentat sur la personne d'Hérode n'est pas dénuée de contradictions ; ceci en nous fondant exclusivement sur les termes mêmes du procès-verbal[113]. Pour le moment, nous nous en tiendrons à la seule version donnée par l'accusation, c'est-à-dire un meurtre accompli par Euxithéos et son serviteur en tant que coauteurs du crime.

À ce stade du réquisitoire, nous observons une nouvelle fois le rôle essentiel de la torture en tant que mode de preuve dans le cadre de la procédure pénale athénienne[114]. Sa force probante est d'autant plus grande ici que l'esclave a été soumis à l'épreuve de la roue non pas seulement en tant que témoin de l'acte délictueux, mais également comme auteur du meurtre d'Hérode. Dès lors, les accusateurs se prévalent d'une preuve qu'ils considèrent comme une démonstration parfaite de la culpabilité d'Euxithéos. Ils ne cessent, comme le laisse apparaître par *a contrario* la défense de l'accusé de venir et de revenir sur les aveux du serviteur du meurtrier.

[113] *Infra* Chapitre III, Section III, p.111 et s.
[114] *Supra* p.38.

Section III. Le rôle ampliatif de l'écrit : la preuve d'un crime commandité

Cependant, les accusateurs semblent considérer qu'il est nécessaire de compléter cette preuve. Aussi brandissent-ils de manière théâtrale un nouveau document ; un billet qui serait écrit de la main d'Euxithéos et dont le destinataire serait un certain Lycinos. Il s'agissait d'informer ce dernier du meurtre d'Hérode[115]. Les parents de la victime déclarent qu'ils ont découvert ce document dans le navire où la victime avait pris place avec les autres passagers pour s'abriter de la tempête et à bord duquel l'esclave d'Euxithéos, porteur du message, s'était rendu de Méthymne à Mytilène une fois le meurtre commis[116]. C'est après beaucoup de temps et une fouille systématique du vaisseau, que le document soigneusement dissimulé aurait été mis à jour[117].

Si l'existence de ce billet ne fait aucun doute, il ne laisse pas moins nombre d'interrogations en suspens. Rien ne nous ait dit sur son authenticité. Il ne semble pas que l'écriture de son rédacteur ait fait à un moment quelconque l'objet d'une vérification. Certes, il n'existait pas alors les moyens d'identification dont nous disposons aujourd'hui. Mais à tout le moins un simple contrôle pour s'assurer de la similitude, voire de l'identité de l'écriture sur le billet avec celle de l'accusé aurait pu être mise en œuvre. Le discours d'Antiphon ne dit rien à ce sujet. Le débat a-t-il laissé de côté cette question ou faut-il au contraire considérer que la discussion sur la valeur et la

---

[115]Antiphon, *op. cit.*, V, 53.
[116]Antiphon, *op. cit.*, V, 53.
[117]Antiphon, *op. cit.*,V, 55.

portée de ce document en ait tenu lieu ? Nous penchons pour cette dernière hypothèse, car nous voyons chacune des parties camper sur ses positions quant à la force probante de ce document, l'accusation tenant le billet comme authentique, la défense comme un faux fabriqué de toutes pièces pour les besoins de la cause[118].

Ce billet suscite également une autre interrogation sur son contenu. Quel était son libellé exact ? Si nous nous en tenons au texte même du discours d'Antiphon, il semble que les termes en aient été concis et comportaient pour seule information l'accomplissement du meurtre lui-même sans donner plus de détails sur les circonstances qui auraient présidé à sa commission[119]. Une indication importante ressort cependant. Le billet désigne Euxithéos, comme l'auteur du meurtre. Nous verrons que cette information n'est pas sans conséquence sur la force probante du billet lorsque nous serons appelés à étudier la réplique formulée à ce titre dans son plaidoyer par l'accusé ; car, elle soulève une contradiction dans l'argumentation de l'accusation qui nous apparaît des plus fondamentales. C'est ici un nouveau point de divergence que nous avons avec Louis Gernet qui a une interprétation contraire à la nôtre[120]. Cependant, pour le moment, nous nous tiendrons au réquisitoire des parents d'Hérode qui invoquent le billet comme la preuve d'une commission du crime par le seul Euxithéos.

Ce billet était destiné à Lycinos, un citoyen qui serait, selon Louis Gernet, un Athénien. Nous rejoignons Louis Gernet à ce titre. Le discours d'Antiphon laisse à penser, en effet, qu'il s'agirait d'un citoyen athénien

---

[118]Antiphon, *op.cit.*, V, 55.
[119]Antiphon, *op. cit.*, V, 53.
[120]*Infra* Chapitre III, Section III, p.116 et s.

puisque le texte fait état d'un litige entre Hérode et Lycinos qui aurait pu donner lieu à un procès et à la sanction d'Hérode par les lois athéniennes[121]. Cette indication donnée par Euxithéos dans le cadre de son plaidoyer tendrait à accréditer l'existence d'un contentieux important entre Hérode et Lycinos. Nous ne savons rien de la nature du litige qui opposait ces deux hommes. Cependant, le discours précise que cette affaire était de celles qui pouvaient donner lieu à la peine de mort[122]. Sauf à considérer qu'il pourrait s'agir d'une affaire politique, nous pencherions plutôt pour un litige de nature criminelle.

Or, malgré les assurances que nous donne dans son plaidoyer Euxithéos sur le bon droit de Lycinos et la garantie que ce dernier aurait pu obtenir sans coup férir la condamnation d'Hérode[123], nous ne disposons d'aucune information précise et la prudence commande notamment à la lumière des aléas qui ponctuent les procédures judiciaires de ne pas trouver dans cette assertion un argument qui emporterait la conviction. Nous retiendrons seulement qu'il existait un différend de taille entre Hérode et Lycinos ce que se plaît à reconnaître Euxithéos et qui justifierait un mobile pour commettre le meurtre, voire pour le commanditer.

Le discours d'Antiphon sans l'affirmer fait apparaître Lycinos, sinon comme l'ami d'Euxithéos du moins comme l'une de ses relations. Nous tirons cette observation du plaidoyer même d'Euxithéos qui aurait pu nier tout lien avec Lycinos. Loin de ce faire, Euxithéos semble connaître les difficultés financières auxquelles se

---

[121]Antiphon, *op.cit.*, V, 61.
[122]Antiphon, *op. cit.*, V, 61.
[123]Antiphon, *op. cit.*, V, 61.

trouvait confronté Lycinos. Euxithéos précise qu'il peut être d'autant moins soupçonner de vouloir perpétrer un crime pour le compte de ce dernier qu'il n'était pas intervenu pour libérer Lycinos bien que celui-ci fut soumis à une contrainte par corps pour dette. Il appartiendra à ses véritables amis de racheter sa dette et de lui rendre ainsi la liberté. La distance qu'Euxithéos tente de prendre dans son plaidoyer vis-à-vis de Lycinos n'en conduit pas moins à produire l'effet inverse en démontrant l'existence de sa relation avec ce dernier et cela, bien avant la disparition d'Hérode : « *Et voilà certes, sur mes relations avec Lycinos, le meilleur des indices ; il prouve que je n'avais pas pour lui assez d'amitié pour être son homme à tout faire ...* »[124].

Par cette réponse d'Euxithéos, un lien sinon amical du moins personnel entre Lycinos et Euxithéos est établi. Les accusateurs sont, dès lors, en mesure de soutenir que Lycinos aurait pu être le commanditaire du crime. De plus, nous savons qu'Hérode vivait à Mytilène. Louis Gernet émet l'hypothèse à laquelle nous adhérons qu'Hérode était « *un citoyen athénien probablement établi comme clérouque*[125] *sur le territoire de Mytilène* »[126]. Certains passages du discours permettent de supposer que Lycinos

[124]Antiphon, *op. cit.*, V, 63.

[125]Athènes était à la tête d'une ligue, dite ligue de Délos ou Première Confédération athénienne, qui réunissait autour d'Athènes cent cinquante cités alliées. Or, de 478 av. J.-C. à 404 av. J.-C., Athènes avait obligé ses alliés à désarmer leurs flottes et à lui verser un tribut annuel, le *phoros*. De plus, pour imposer une stricte discipline au sein de la ligue, Athènes n'avait pas hésité à placer des garnisons de mille à deux mille hommes sur les territoires de ses alliés. Chaque soldat athénien se voyait ainsi attribuer un lot de terre appelé *cléros* Ces garnisaires prenaient le nom de clérouque. Mytilène était l'une des cités alliées d'Athènes ?

[126]L. Gernet, *op. cit.*, Notice, p.101.

était lui aussi sinon un clérouque à tout le moins un résident athénien à Mytilène.

Sans nous prononcer pour le moment sur la force probante du billet, nous constatons que celui-ci était destiné à Lycinos. Or, le porteur du document était le serviteur d'Euxithéos[127] qui devait retourner à Mytilène pour informer les parents de la victime[128]. De plus, le navire dans lequel était dissimulé le billet n'avait d'autre destination que Mytilène, son port d'attache. Si le porteur du message comptait se rendre à Athènes ou dans une autre cité, dans le cas où Lycinos aurait résidé ailleurs qu'à Mytilène, il est évident que ce dernier n'aurait pas laissé le document sur le navire. En effet, le départ du serviteur vers une autre destination n'aurait pu avoir lieu qu'après avoir informé les parents de la victime. Or, il est évident que le navire ne reprendrait pas une autre destination avant longtemps compte tenu des investigations prévisibles auxquelles il serait nécessairement soumis. Si les accusateurs ont trouvé ou jugé bon[129] de découvrir ce billet dans le navire, c'est parce qu'ils pouvaient accréditer par cette présence du document dans le vaisseau que Lycinos était bien le commanditaire du crime commis par Euxithéos. En effet, non seulement le nom de Lycinos figurait sur le document, mais sa résidence à Mytilène, était de nature à rendre plausible la présence du billet dans le navire où le porteur du message avait pris place.

---

[127]Antiphon, *op. cit.*, V, 53.
[128]Antiphon, *op. cit.*, V, 24.
[129]*Infra* Chapitre III, Section IV p.121 et s., nous y exposons les motifs qui nous font pencher pour cette hypothèse.

Section IV. Un procès criminel sur fond d'accusation politique

Cependant, il semble que pour emporter la conviction des jurés, les accusateurs aient cru bon d'avancer une troisième raison. Ils incriminent, en effet, le père d'Euxithéos et font de ce dernier, l'autre commanditaire du meurtre d'Hérode[130]. Bien que le discours d'Antiphon ne nous donne pas la motivation des accusateurs à ce titre, nous pouvons à partir de certaines indications du plaidoyer restituer leur argumentation.

Les accusateurs vont, en effet, impliquer le père d'Euxithéos dans le meurtre d'Hérode en s'appuyant sur les évènements politiques qui avaient secoué dix ans plutôt la cité de Mytilène. En 428 av. J.-C., Mytilène, cité alliée d'Athènes dans la ligue de Délos refusa de s'acquitter d'une augmentation considérable du *phoros*, un tribut dont les Athéniens imposaient le versement annuel aux membres de l'alliance. Pour résister à cette nouvelle exigence d'Athènes, Mytilène, principale ville de Lesbos, décida de former avec les autres cités de l'île un synoescisme, une nouvelle entité politique[131]. Défiés dans leur autorité, les Athéniens décidèrent d'assiéger Mytilène. Dès l'été 427 av. J.-C. la cité fut prise. Après un célèbre débat, qui opposa à l'*ecclésia* Cléon, favorable à l'exécution de tous les hommes de la cité et à la réduction en esclavage des femmes et des enfants afin de punir le sacrilège que constituait la violation du traité de la ligue à

---

[130]Antiphon, *op. cit.*, V, 74.

[131]Synoecisme, *sunoikismos* *sùn* « avec » et *oikia*, maison, « communauté de maisons », acte international fondateur d'une nouvelle cité à partir de plusieurs entités antérieurement indépendantes les unes des autres.

l'orateur Diodote, qui plaida en faveur de la clémence, les Athéniens, après quelques hésitations, convaincus par les arguments de ce dernier, décidèrent d'épargner les citoyens de Mytilène. Toutefois, Athènes décida de faire abattre les murailles qui ceignaient la ville, de confisquer ses navires de guerre et de livrer une partie du territoire aux hoplites athéniens, les clérouques, qui resteraient en garnison pour prévenir toute nouvelle révolte.

On peut déduire du discours d'Antiphon que les accusateurs faisaient du père d'Euxithéos, l'un des meneurs ou partisans de la révolte de Mytilène contre Athènes. C'est en ce sens qu'il faut entendre le passage dans lequel Euxithéos entend répondre à la « *calomnie* »[132] dont son père fait l'objet par les parents d'Hérode. Les développements du discours d'Antiphon permettent d'éclairer cet aspect de l'accusation. Euxithéos est obligé, en effet, de préciser qu'avant la révolte de Mytilène, son père avait témoigné par sa conduite une parfaite loyauté politique à l'égard d'Athènes[133]. Euxithéos ajoute qu'il fut entraîné malgré lui dans la défection de sa cité à l'égard des Athéniens en 428 et déclare qu'« *il n'était plus en son pouvoir de traduire son dévouement par des actes : quitter la ville, il n'en avait pas les moyens ; trop puissants étaient les gages qui l'y retenaient – je veux dire ses enfants et ses biens ; faire de l'opposition sur les lieux, c'était impossible* »[134].

Nous pouvons donc induire de ces affirmations que le père d'Euxithéos n'avait pas quitté la ville comme le faisaient ordinairement les partisans d'Athènes lorsqu'une sécession venait à se produire. Nous notons également que

---

[132]Antiphon, *op. cit.*, V, 75.
[133]Antiphon, *op. cit.*, V, 76.
[134]Antiphon, *op. cit.*, V, 76.

ce dernier n'était pas identifié comme un opposant à la sécession. Or, Thucydide rapporte qu'il existait un certain nombre d'adversaires à cette défection non seulement chez les proxènes de la ville, mais également chez des citoyens qui rejetaient la révolte et livraient pour cette raison des informations à Athènes sur les mesures prises par Mytilène pour organiser la révolte[135].

Si le père d'Euxithéos n'était pas du nombre des opposants à la sécession, faisait-il partie des acteurs de la défection voire des meneurs ? Sur cette question, nous pouvons donner une réponse dans la mesure où dans son plaidoyer, Euxithéos était en mesure de soutenir que son père n'était pas du nombre des dirigeants de la sédition qui avaient été châtiés après la prise de la cité[136]. Cependant, la suite du discours d'Antiphon nous permet de considérer que si le père d'Euxithéos était parvenu à ne pas se compromettre dans la défection de sa cité, il n'en restait pas moins suspect aux yeux des Athéniens.

En effet, après la prise de la cité par Athènes, le père d'Euxithéos quitta Mytilène. Certes, l'accusé donne une explication au départ de son père. « *S'il aime à résider à Aenos, il ne se dérobe là à aucune de ses obligations envers la cité ; il n'est pas devenu citoyen d'une autre ville, comme j'en vois d'autres, qui, émigrés sur le continent, habitent parmi vos ennemis et plaident contre vous en se réclamant des traités ; il n'est pas opposé à votre démocratie, il a seulement, comme vous, la haine des sycophantes* »[137].

[135]Thucydide, *Histoire de la guerre du Péloponnèse*, trad. Jacqueline de Romilly et Raymond Weil, Les Belles Lettres, Paris, 2009, Tome II, Livre III, 2.
[136]Antiphon, *op. cit.*, V, 77..
[137]Antiphon, *op. cit.*, V, 78.

Or, cette dernière assertion nous révèle la situation à laquelle se trouvait exposé le père d'Euxithéos. Athènes exerçait au sein de la ligue de Délos une hégémonie à l'égard de ses alliés qui était non seulement d'ordre militaire, mais également de nature judiciaire. Les tribunaux des cités alliées et tout particulièrement, ceux des villes qui avaient osé défier l'autorité des Athéniens, étaient dépouillés de leurs prérogatives au profit des juridictions athéniennes. Les Athéniens pouvaient tout à loisir perdre leurs adversaires politiques du fond de leurs tribunaux. Or, les sycophantes[138], visés par le discours d'Antiphon, étaient les chevilles ouvrières de cette répression judiciaire[139]. Par l'intermédiaire de ces dénonciateurs professionnels, les Athéniens n'hésitaient

---

[138]*Compte-rendus séances de l'année 1938*, Académie des Inscriptions et Belles-Lettres, Bulletin de janvier-février, 82e année, n°1, Auguste Picard, Paris, 1938, séance du 21 janvier, pp.14-15, qui définit l'origine du terme « Le sens primitif exact du mot sycophante reste encore très controversé. Les anciens et les modernes ont proposé de nombreuses explications dont aucune n'est satisfaisante : on a vu dans le sycophante le dénonciateur de l'exportation des figues interdite par une loi de Solon ; le dénonciateur du vol très fréquent des figues, et par la suite, de délits sans importance ; l'individu paraissant dans le figuier en train de voler les figues, (c'est la thèse de Girard) ; l'hiérophante révélateur et montreur de la figue dans le culte des Phytalides. En réalité, le sycophante est bien, comme l'indiquent les deux racines du mot, le "dénonciateur des figues" ; mais de quelles figues ? – Un passage d'Aristophane *Cavaliers*, v. 258-260 les indique clairement : "Tu secoues comme des figues, les citoyens qui ont à rendre leurs comptes (au peuple)", pour voir en les tâtant, celui qui est vert, ou mûr, ou pas encore mûr. Le sycophante est donc, dès l'origine, celui qui montre (au peuple) les figues mûres à cueillir, c'est-à-dire les riches ».

[139]M. H. Hansen, *op. cit.*, Glossaire p.450, c'est dans la première acception de ce terme donnée par Mogens Hansen qu'il faut entendre ici cette qualification, « Sycophante (*sykophantès*) Personne qui cherchait à tirer un profit matériel de ses droits politiques. (1) Il dévoyait ses droits de citoyen à intenter une action en justice en faisant chanter ceux qu'il accusait ou menaçait de le faire ».

pas à lancer des accusations calomnieuses, à produire de faux témoignages pour livrer des ennemis du régime démocratique, parmi les plus riches d'entre eux, à la rancune des jurés. Nous pensons que c'est à cette menace que le père d'Euxithéos tenta d'échapper, lui qui déclarait qu'il n'avait pu quitter Mytilène lors de la sécession parce que des « *gages trop puissants l'y retenaient* »[140].

Si l'accusé affirme avec force que son père « *n'est pas opposé à votre démocratie, il a seulement comme vous, la haine des sycophantes* »[141], il n'en reste pas moins que ces sycophantes qu'il dénonce ne peuvent agir à Mytilène que sous le contrôle et avec l'accord des autorités athéniennes. Le père d'Euxithéos le savait et n'avait d'autre choix que de trouver refuge à Aenos. Si le rôle des sycophantes à Athènes comme à Mytilène consistait à poursuivre « *le plus souvent par pur esprit de lucre et de chantage* »[142], la portée de cette action n'était pas la même dans l'une et l'autre de ces cités. À Mytilène, le but était de perdre les ennemis d'Athènes et de la démocratie.

Cependant, les informations données par le discours d'Antiphon sur cet aspect du procès ne s'arrêtent pas là. En effet, si l'on s'attache à étudier avec attention l'argumentation développée par Euxithéos, nous constatons qu'il existe une partition dans le réquisitoire de l'accusation entre d'une part, les griefs formulés à l'égard du père de l'accusé en tant que partisan de la sécession et d'autre part, une incrimination au titre d'une responsabilité pénale dans la commission du crime. Le texte fait apparaître cette articulation. Euxithéos déclare dans un

---

[140]*Supra* p.70.
[141]Antiphon, *op. cit.*, V, 78.
[142]M. H. Hansen, *op. cit.*, p.230.

premier temps « *Ainsi, pour ce qu'il a fait avec sa patrie tout entière, par contrainte et non avec intention, il n'est pas juste qu'il soit puni individuellement : tous les Mytiléniens conservent le souvenir éternel de leur faute passée, car ils ont échangé une grande prospérité contre une grande misère, et ils ont vu leur Etat renversé* »[143] Après avoir rappelé cette partie du réquisitoire de l'accusation, Euxithéos évoque le second argument avancé par les parents d'Hérode qui concerne l'implication du père de l'accusé dans le meurtre : « *quant aux calomnies qu'on dirige contre lui personnellement, n'y croyez pas : c'est pour de l'argent qu'on a monté toute l'affaire contre nous deux* »[144].

Pour autant, dans son plaidoyer Euxithéos n'articule aucun fait précis. Nous ne pouvons, en conséquence, nous livrer qu'à des conjectures sur les raisons particulières qui permettraient d'incriminer le père d'Euxithéos dans le meurtre d'Hérode. Cependant, ces conjectures s'inscrivent dans un cadre défini. Nous pensons être en mesure de proposer les raisons avancées par l'accusation contre le père d'Euxithéos. Tout d'abord, nous pouvons déduire au regard du texte qu'il existe un lien entre la situation politique et l'affaire criminelle : le père d'Euxithéos est un opposant politique à l'hégémonie d'Athènes et Hérode, un clérouque, installé sur la terre de Mytilène en tant qu'occupant destiné à juguler toute forme d'opposition politique à Athènes. Or, il pourrait résulter de cette tension un litige d'ordre plus matériel.

Nous parvenons à cette conclusion à partir d'une traduction du texte qui s'éloigne de celle retenue par Louis Gernet. En effet, Louis Gernet traduit cet extrait du

---

[143] Antiphon, *op. cit.*, V, 79.
[144] Antiphon, *op. cit.*, V, 79.

discours d'Antiphon de la manière suivante : « *Mais, du jour où vous eûtes châtié les auteurs de la sédition – mon père, manifestement n'était pas du nombre – et où vous eûtes accordé aux autres Mytiléniens l'amnistie et la permission d'habiter leur patrie, il n'y a pas une faute qu'il ait commise, pas un devoir qu'il n'ait accompli, pas une liturgie à laquelle il ait manqué au service de votre ville ni à celui de Mytilène : il a été plusieurs fois chorège, il paie les impôts* »[145]. Nous constatons qu'il faudrait traduire le passage « *la permission d'habiter leur patrie* » par « *leurs terres leur avaient été laissées moyennant un fermage* ». Nous constatons que Louis Gernet annote le passage précité d'une note dans laquelle celui-ci précise que l'autorisation d'habiter leur patrie donnée aux Mytiléniens devait se faire « *Sous réserve de l'établissement de colons athéniens sur leur territoire ou d'une dîme à leur payer* »[146].

Or, dans son commentaire du passage du discours, Auguste Boeckh précise « *Quand le paiement de l'impôt est opposé à la chorégie dans Antiphon, c'est que ces mots sont dans la bouche d'un habitant de Mytilène, qui parle de son père : celui-ci était du nombre de ceux qui avaient perdu leurs fonds pour lesquels ils payaient une rente de 2 mines par lot aux Athéniens tandis qu'ils étaient obligés aux liturgies dans leur propre gouvernement* »[147].

Le père d'Euxithéos faisait donc partie de ces Mytiléniens, ces riches opposants à Athènes qui avaient perdu une partie de leurs biens fonciers au profit des

---

[145]Antiphon, *op. cit.*, note 1 sous V, 77.
[146]Antiphon, *op. cit.*, V, 77.
[147]Auguste Boeckh, *Economie politique des Athéniens*, trad. de l'allemand par A. Laligant, A. Sautelet et Cie, Paris, 1828, Tome II, Livre IV, Chapitre V, p.313 voir notes 130 et 131.

clérouques. Il est possible de penser que le clérouque qui fut attributaire des terres d'Euxithéos fut Hérode. Ce dernier avait-il des vues sur les autres biens qui appartenaient au père de l'accusé ? L'avait-il menacé ? Euxithéos se défend en ce qui le concerne de connaître Hérode, ni qu'il fut menacé par lui[148]. En fut-il de même pour son père ? Le discours d'Antiphon nous donne des indications contraires.

Par deux fois dans le discours d'Antiphon, Euxithéos est amené à dénoncer ses accusateurs comme des hommes qui en veulent à sa fortune, tout d'abord « *en disant que c'est pour de l'argent que tu cherches à me faire périr, je serais plus que toi dans le vrai (...) car moi, j'établis clairement à ta charge la préméditation contre moi, tandis que toi, c'est par d'obscures allégations que tu cherches à me perdre* »[149]. Il reprend cette accusation un peu plus loin dans le discours, « *c'est pour de l'argent qu'on a monté toute l'affaire contre nous deux* »[150]. Il assimile les parents d'Hérode à des sycophantes et invite les jurés à ne pas suivre la machination de ces derniers[151].

Louis Gernet donne une explication à cette dénonciation d'Euxithéos faisant de ses accusateurs des sycophantes sous la forme de deux hypothèses dont il juge la seconde plus probable que la première. Tout d'abord, celui-ci considère qu'il s'agirait d'un « *lieu commun tout indiqué* »[152]. Il était d'usage, en effet, de qualifier son adversaire de sycophante. C'était une formule habituelle, mais qui ne coïncide pas avec la force et la gravité de son

---

[148]Antiphon, *op. cit.*, V, 57, 58.
[149]Antiphon, *op. cit.*, V, 59.
[150]Antiphon, *op. cit.*, V, 79.
[151]Antiphon, *op. cit.*, V, 80.
[152]Antiphon, *op. cit.*, note 1 sous V, 59

emploi dans le discours d'Antiphon. Aussi, Louis Gernet tente-t-il une seconde interprétation en rapprochant la dénonciation d'Euxithéos d'un passage des *Lois* de Platon[153] et se demande « *si les biens de l'étranger meurtrier n'étaient pas confisqués au bénéfice des parents de la victime* »[154]. Contrairement, à Louis Gernet, nous pensons que l'emploi du terme « sycophante » n'est ni une formule de style, ni seulement la confiscation des biens du condamné bien que nous retenions cette explication comme étant le véritable but poursuivi par l'accusation. Il existe ici, en effet, une autre justification à cette sortie d'Euxithéos contre ses adversaires. Il dénonce sous cette qualification un contentieux qui pouvait exister entre la victime et son père. Cependant, pour ne pas accréditer la thèse de l'accusation à l'égard d'un mobile qui pourrait lui être opposé, Euxithéos limite ses explications à ce titre et se contente de réfuter l'incrimination en la dénonçant comme une calomnie dirigée contre son père.

L'accusation semble dès lors pouvoir justifier l'existence d'un contentieux entre la victime et le père de celui qu'elle dénonce comme son meurtrier. À l'issue de son réquisitoire, les accusateurs peuvent donner le sentiment que leur démonstration sur l'opportunité et le mobile du crime a bien été faite. Les parents d'Hérode pouvaient alors passer à la péroraison de leur réquisitoire pour appeler les jurés, conformément à l'usage, à ne pas se laisser fléchir par la jeunesse et les supplications de l'accusé et à punir le meurtrier comme l'exige la justice divine.

La parole est alors donnée à Euxithéos. Les jurés de l'Héliée attendent en silence. Le jeune homme frissonne.

---

[153]Platon, *Lois*, IX, 866 *c*.
[154]Antiphon, *op. cit.*, note 1 sous V, 59

Un trouble le saisit. Les jurés le contemplent. Ses juges sont figés dans une attitude hiératique. Le rite judiciaire de l'Héliée peut conduire à la mort. Euxithéos le sait. Après un dernier souffle, il entreprend la lecture du long plaidoyer qu'a rédigé Antiphon à son attention.

Chapitre II

L'exception de procédure au Ve siècle : une arme de la défense pénale

C'est un plaidoyer très construit, articulé autour de trois arguments principaux, que s'apprête à développer Euxithéos. Dans une partie liminaire, le discours dénoncera l'illégalité de la procédure dont l'accusé conteste les conditions d'application et cela au regard même du réquisitoire de ses accusateurs. Les historiens Gustave Glotz et Louis Gernet considèrent que l'exception soulevée par l'accusé est sans fondement et nos collègues portent un double regard critique sur les arguments rédigés par Antiphon pour Euxithéos (Section I). Nous ne partageons pas leur position. Nous pensons tout au contraire que l'exception d'illégalité est particulièrement bien fondée et pour une raison majeure. La procédure d'accusation mise en œuvre exige pour sa validité la réunion d'une condition essentielle, le flagrant délit. Or, cette affaire est tout l'inverse d'un flagrant délit. Le corps d'Hérode n'a jamais été retrouvé et ce n'est que plusieurs jours après sa disparition que les accusateurs engageront une action contre Euxithéos. Les conditions de l'action n'étaient donc pas réunies (Section II). Dès lors, Euxithéos pouvait présenter un déclinatoire de compétence pour contester à l'Héliée la connaissance de cette affaire alors que les conditions de cette action n'existaient pas. Ce moyen de droit, dont Louis Gernet dénie qu'il ait existé à l'époque où Antiphon a écrit le plaidoyer, constitue pour nous, tout au contraire, une des armes de la procédure à la disposition du logographe. Il pouvait demander que soit désignée, et c'est là un autre point de divergence avec nos collègues Glotz et Gernet, la seule juridiction susceptible de juger d'un meurtre prémédité commis sur la personne d'un citoyen athénien, l'Aréopage (Section III).

Section I. Glotz et Gernet : un double regard critique sur l'exception d'illégalité

C'est d'une voix d'abord mal assurée, puis de plus en plus ferme, qu'Euxithéos déroule les premières phrases de son exorde. Il invoque, comme c'est la coutume pour un jeune homme face à une pareille accusation, son inexpérience dans l'art de la parole[155]. Derrière cette *captatio benevolentiae*, Euxithéos place d'emblée au cœur de son discours un principe essentiel de la procédure pénale athénienne que nous avons déjà rencontré avec l'affaire *Sur l'empoisonnement*, la présomption d'innocence. Il appelle les jurés à ne pas tirer de l'aspect formel du discours des conséquences contre l'innocence de l'accusé, « *Car, s'il est injuste que celui qui a été coupable en fait soit sauvé par des paroles, il ne l'est pas moins que celui qui est innocent en fait périsse par des paroles : ici, il n'y a faute que de la langue, là il y a faute de la volonté* »[156]. À l'issue, de cette introduction, propitiatoire, Euxithéos annonce qu'il va s'appliquer à « *répondre à l'accusation point par point* »[157].

La première partie du discours d'Antiphon relative à l'illégalité de la procédure a fait l'objet, comme nous le verrons, de nombreuses critiques par les commentateurs de

---

[155]Antiphon, *op. cit.*,V, 1, 2, 3.
[156]Antiphon, *op. cit.*, V, 5.
[157]Antiphon, *op. cit.*, V, 7.

cette affaire. Ces derniers, tels que Gustave Glotz et Louis Gernet, ne voient que les arguties d'un sophiste contre une procédure qui aurait été bien appliquée. Une nouvelle fois, nous ne partageons pas la position adoptée par Glotz et Gernet. Nous pensons tout au contraire que la procédure choisie par les accusateurs prête à discussion et qu'à bien des égards, les arguments développés par Euxithéos sont parfaitement justifiés.

In limine litis, Euxithéos soulève l'exception suivante : « *D'abord, arrêté comme malfaiteur à la suite d'une requête, c'est d'une accusation de meurtre que j'ai maintenant à répondre : chose qui n'est jamais arrivé à personne de ce pays. Et certes, que je ne rentre pas dans la catégorie des malfaiteurs, que je ne tombe pas sous le coup de la loi sur les malfaiteurs, mes accusateurs eux-mêmes en témoignent ; car la loi est faite pour les voleurs et détrousseurs : et ils n'ont pas montré qu'aucune de ces inculpations s'applique à mon cas, ils ont rendu mon acquittement, ici, tout à fait légal et juste* »[158]. Cette argumentation d'Euxithéos appelle quelques précisions afin de comprendre la portée de l'exception soulevée par l'accusé.

Sous le coup d'une prise de corps (l'*Endeixis*) mise en œuvre par les magistrats d'Athènes à la suite d'une dénonciation écrite des parents d'Hérode, Euxithéos devait nécessairement répondre du chef d'inculpation visé par cette procédure spécifique qu'était l'*Endeixis* c'est-à-dire être accusé de faits soumis à la qualification de vol ou de brigandage. Or, loin de retenir, cette incrimination, les parents d'Hérode vont dans leur dénonciation écrite, accuser Euxithéos du meurtre d'Hérode et cela de manière exclusive. Il existe donc en l'espèce, une erreur de

[158]Antiphon, *op. cit.*, V, 9.

qualification qui entraîne une irrecevabilité de la procédure choisie. Seule, la procédure pour meurtre devait s'appliquer à l'exclusion de l'*Endeixis*, qui ne concerne que les faits de brigandages.

Cependant, comme nous l'avons déjà exposé plus haut, pour Gustave Glotz et Louis Gernet, les meurtriers pouvaient entrer dans la catégorie des malfaiteurs dès lors que les procédures pénales sommaires de l'*Endeixis* et de l'*Apagogé* faisaient de l'homicide une circonstance aggravante de l'infraction principale qui entrait dans la qualification de « *kakourgoi* » (malfaiteur). De plus, la qualité d'étranger d'Euxithéos l'aurait destiné naturellement, selon Gustave Glotz, à cette procédure sommaire du flagrant délit[159].

Or, les positions de Gustave Glotz et de Louis Gernet nous apparaissent contestables à plus d'un titre. Tout d'abord, comme le fait remarquer Euxithéos un peu plus loin dans sa plaidoirie, il existe un principe bien établi dans la procédure pénale athénienne, « *il y a des lois spéciales pour chacun de ces délits* »[160]. Le meurtre et les faits de brigandage étaient soumis à des procédures distinctes. Dès lors, comme le rappelle Euxithéos, il devait exister une stricte concordance entre la citation et l'accusation.

Si, comme le précise Gustave Glotz, le meurtre pouvait être considéré comme une circonstance aggravante du fait de brigandage, fallait-il au préalable que la qualification de « *kakourgoi* » fut retenue dans la citation et dans l'accusation. Or, à aucun moment, les accusateurs ne font état de ce chef de prévention à l'encontre

---

[159]G. Glotz, *op. cit.*, Livre III, Chapitre I, p.426.
[160]Antiphon, *op. cit.*, V, 10.

d'Euxithéos. Ces derniers ne visent exclusivement que le meurtre. Seul, Euxithéos invoquera l'argument d'un esprit de lucre dans la commission de l'homicide et seulement pour démontrer que cet argument qui n'était même pas avancé par l'accusation ne pouvait tenir au regard de sa fortune personnelle, qui était considérable et celle de la victime qui ne l'était pas[161]. Même l'argument consistant à dire que l'accusé avait agi pour le compte de Lycinos ou de son propre père ne fut pas retenu par l'accusation pour justifier la qualification de brigandage et par voie de conséquence la procédure d'*Endeixis*. L'argument que développe l'accusation est d'ordre général faisant du meurtre un brigandage, comme le rappelle Euxithéos, à propos de la position des accusateurs, « *Ils répliquent que le meurtre est un acte caractérisé de malfaiteur …* »[162].

Dès lors, pour expliquer la mise en œuvre de la procédure d'Endeixis, Glotz retient qu'Euxithéos était un étranger : « *De toute façon, elle ne peut être légale qu'à l'égard des personnes qui n'ont pas la plénitude des droits civils et politiques (...) Cette incapacité peut résulter d'une cause naturelle, la naissance : c'est le cas pour les esclaves et les étrangers* »[163]. Il existerait donc un cas d'ouverture spécifique des procédures sommaires de prise de corps, telles que l'Endeixis, dès lors qu'il s'agirait de « non-citoyens »[164]. Glotz fait cette démonstration en visant directement le discours *Sur le meurtre d'Hérode*[165].

Pour justifier cette position, Glotz précise que « *La justice criminelle des peuples grecs ne traitait pas et ne*

---

[161]Antiphon, *op. cit.*, V, 58.
[162]Antiphon, *op. cit.*, V, 10.
[163]G. Glotz, *op. cit.*, p.426.
[164]G. Glotz, *ibid.*
[165]G. Glotz, *op. cit*, p.426, note 2.

pouvait pas traiter sur le même pied que les citoyens les étrangers, fussent-ils des métèques ou des alliés, à plus forte raison les esclaves »[166]. Euxithéos soutenait cependant que l'usage de cette procédure sommaire dans une affaire de meurtre prémédité ne serait « *jamais arrivé à personne de ce pays* »[167]. Glotz considère que cet argument consistant à dénoncer la confusion entre la qualification de « brigandage » et de « meurtre » serait une « *rouerie insigne* »[168], car l'accusé chercherait à englober sous cette formule générale non seulement les citoyens, mais également les étrangers. Gustave Glotz constate que de cette manière, Euxithéos « *se range subrepticement parmi les citoyens* »[169]. pour demander le bénéfice d'une procédure pénale pour crime dont il serait naturellement exclu en sa qualité d'étranger.

Louis Gernet retient le même argument contre le discours d'Antiphon : « *mais en disant cela qui est correct, Antiphon veut faire entendre : « à personne, dans ce pays » - citoyen ou étranger. C'est une habileté d'avocat* »[170]. Glotz cite à l'appui de sa démonstration l'analyse de Guiraud pour préciser que « *les alliés, intermédiaires entre les citoyens et les étrangers quelconques étaient jugés à Athènes, au moins en appel dans les actions capitales* »[171]. et s'appuyant sur Xénophon, Glotz ajoute que les alliés d'Athènes ne « *possédaient pas toutes les prérogatives des citoyens en*

---

[166] G. Glotz, *op. cit.*, pp.426-427.
[167] Antiphon, *op. cit.*, V, 9.
[168] G. Glotz, *op. cit.*, p.431, note 1.
[169] G. Glotz, *ibid.*
[170] L. Gernet, *op. cit.*, note 2 sous V, 9.
[171] G. Glotz, *op. cit.*, p.431 note 1 se réfère à Guiraud, *De la condition des alliés pendant la première confédération athénienne*, in *Annales de la faculté des lettres de Bordeaux*, V, 1883, p.201.

matière de justice criminelle et avaient toujours pour juges les héliastes »[172].

Glotz explique la raison de cette règle qui priverait l'étranger, fut-il un allié comme Euxithéos, des juridictions criminelles athéniennes pour les soumettre au seul jugement de l'Héliée. Il s'agissait de contraindre les non-citoyens à comparaître et dans ce but à les soumettre à des dispositions spécifiques : « *on exigeait des cautions, ou même on leur infligeait la prison préventive* »[173]. Glotz ajoute que les non-citoyens ne pouvaient relever pour cette raison de l'Aréopage ni même du Palladion[174] parce que « *les justiciables du Palladion comme ceux de l'Aréopage, pouvaient jusqu'au dernier moment prendre volontairement le chemin de l'exil. Il n'est pas possible qu'on ait jamais accordé au meurtrier d'origine étrangère et moins encore à l'esclave le droit de quitter Athènes et de gagner tranquillement sa patrie comme si de rien n'était* »[175].

Dès lors, c'est à bon droit, selon Glotz et Gernet, que les Onze ont jugé recevable la procédure de l'*Endeixis* parce qu'elle s'appliquait nécessairement à Euxithéos en sa qualité d'étranger et c'est tout aussi naturellement que ce dernier s'est vu refusé le droit de présenter trois cautions pour son maintien en liberté pendant le temps du procès[176]. L'exception d'incompétence soulevée par Euxithéos contre l'Héliée au profit de l'Aréopage n'avait

---

[172] G. Glotz, *op. cit.*p.431, note 1 se réfère à Xénophon, *République des Athéniens*, I, 16.
[173] G. Glotz, *op. cit.*, p.432.
[174] Le Palladion est l'une des juridictions criminelles d'Athènes compétente pour les cas d'homicides involontaires sur la personne d'un citoyen, d'un métèque, d'un étranger ou d'un esclave.
[175] G. Glotz, *op. cit.*, p.432.
[176] Antiphon, *op. cit.*, V, 17.

pas lieu d'être[177], l'exigence d'une prestation de serment (la *diomosia)* par les accusateurs[178] n'était en aucune façon justifiée compte tenu de l'application exclusive de la procédure de flagrant délit au cas d'Euxtithéos qui n'était pas un citoyen d'Athènes.

Section II. Une exception d'illégalité fondée en droit : l'absence de flagrant délit

Nous critiquons l'analyse de Gustave Glotz qui soumet de manière exclusive les non-citoyens à la prise de corps sans que soit observée pour autant la condition de flagrant délit de ces procédures. Nous exprimons cette réserve à partir de l'affaire qui conduisit Glotz et Gernet à imaginer cette procédure spécifique pour les non-citoyens. En effet, Gustave Glotz rappelle qu'une question similaire à notre affaire s'était également présentée dans l'un des discours de Lysias, le discours *Contre Agoratos*[179]. Les faits étaient les suivants. Agoratos avait été l'un des nombreux sycophantes qui avait sévi sous la Tyrannie des Trente[180]. Quelques années après la chute de ce régime sanguinaire, aux environs de l'an 398 av. J.-C., Agoratos fut mis en accusation devant l'Héliée[181]. L'action engagée à son encontre était une prise de corps (l'*Apagogè*), l'une

---

[177]Antiphon, *op. cit.*, V, 10, 11.
[178]Antiphon, *op. cit.*, V, 11.
[179]G. Glotz, *op. cit.*, p.430.
[180]Lysias, *Discours*, Tome I I-XV, trad. Marcel Bizos et Louis Gernet, Les Belles Lettres, Paris, 1943, Discours XIII, 18.
[181]Agoratos avait conduit à la mort par ses dénonciations de nombreux citoyens sous la Tyrannie des Trente. Au nombre de ses victimes, se trouve Dionysodore. Le beau-frère et cousin de ce dernier se saisit par une prise de corps d'Agoratos pour le faire juger par l'Héliée de la mort de son parent.

des procédures de flagrant délit. Aussi, les Onze exigèrent-ils au titre de la recevabilité de l'action entreprise que la condition préalable de la preuve d'une infraction commise en flagrant délit fut remplie. Les accusateurs devaient donc être en mesure de produire des témoins oculaires de l'infraction ou à tout le moins disposer de preuves qui démontreraient la notoriété publique faisant d'Agoratos l'auteur même de l'infraction poursuivie. Or, Glotz constate que la condition n'était pas remplie en l'espèce[182]. Pour justifier la poursuite contre Agoratos, Glotz argue de l'origine servile d'Agoratos qui faisait de lui un non-citoyen à qui devait s'appliquer la procédure de prise de corps sans que la condition du flagrant délit fut remplie[183].

C'est faire bon marché de l'exigence du flagrant délit par les Onze dans l'affaire d'Agoratos. *A contrario,* de la thèse soutenue par Glotz, nous constatons que le flagrant délit était une condition préalable et nécessaire pour la prise de corps d'un non-citoyen, qu'elle fut directe (*Apagogé*) par l'accusateur lui-même ce qui fut le cas dans l'affaire d'Agoratos ou indirecte sur dénonciation (*Endeixis*) comme en fait état le discours *Sur le meurtre d'Hérode*. Il s'agit bien là d'une condition de recevabilité. Les deux logographes, Lysias et Antiphon, invoquent cette même condition procédurale afin d'autoriser la prise de corps à l'égard d'un esclave et d'un étranger. Ces deux discours démontrent qu'il n'existait pas une application exclusive des procédures de prises de corps à l'égard des non-citoyens au titre d'un cas d'ouverture spécifique. De la même manière que pour les citoyens, la condition du flagrant délit était exigée pour les non-citoyens. Glotz ne

---

[182]G. Glotz, *op. cit.*, p.431.
[183]G. Glotz, *ibid.*

produit pas de preuves qui contrediraient ces deux discours.

Nous ne sommes pas plus convaincu par l'argument que Glotz invoque dans une note lorsque ce dernier vient soutenir que les Onze avaient exigé de l'accusateur la mention du flagrant délit dans l'acte écrit d'accusation parce qu'Agoratos prétendait avoir obtenu l'affranchissement et que « *les Onze ne voulaient pas prendre sur eux de décider la question* »[184]. Gustave Glotz déduit que les Onze avaient dès lors exigé que fut inscrit dans la plainte écrite la formule du flagrant délit[185]. Or, nous ne voyons pas dans le discours de Lysias qu'il y ait à un moment quelconque la moindre allusion au désir des Onze de se refuser à trancher la question sur l'affranchissement ou la condition servile de l'accusé. Le discours de Lysias démontre que cette question n'a pas été évoquée et que l'exigence tenait, en réalité, au fond de l'affaire, c'est-à-dire à la démonstration que cette condition de flagrant délit fut véritablement réunie dans la mesure où à la différence d'un crime commis par un geste qui réalise immédiatement l'infraction au vu et au su de tous, les dénonciations faites par Agoratos avaient conduit indirectement à la mort des personnes qu'il avait contribué à mettre en accusation[186]. Le discours de Lysias démontre que nous ne sommes pas du tout sur une simple question de forme, mais bien de fond qui exige contre un esclave donc contre un non-citoyen la preuve du flagrant délit.

Louis Gernet suit la même interprétation que Gustave Glotz auquel il se réfère expressément[187]. Celui-ci

---

[184]G. Glotz, *op. cit.*, p.431, note 3.
[185]G. Glotz, *ibid.*
[186]Lysias, *Discours*, *op. cit.*, Discours XIII, 85-87.
[187]L. Gernet, *op. cit.* Notice p.104.

n'hésite pas à affirmer « *mais aux non-citoyens, moins respectables, s'appliquait en matière de meurtre la vieille procédure organisée contre les malandrins* »[188]. Louis Gernet déclare que cette procédure s'applique à nos deux affaires « *c'est le cas d'Euxithéos comme c'est le cas d'Agoratos contre qui fut prononcé le 13ᵉ discours de Lysias ; on s'assurait par une prise de corps, des étrangers ...* »[189]. Louis Gernet soutient en conséquence qu'« *On ne voit donc pas que celui-ci ait été victime d'une illégalité, comme il le prétend dans une argumentation spécieuse ...* »[190].

En fait d'argumentation que nous ne qualifierons pas de spécieuse, mais à tout le moins de surprenante, c'est pour nous celle que développe Louis Gernet. En premier lieu, ce dernier semble mettre en doute qu'Euxithéos ait fait l'objet d'une procédure d'*Endeixis*, c'est-à-dire, rappelons-le, d'une arrestation par un magistrat sur dénonciation écrite des parents d'Hérode[191]. Selon, Louis Gernet la procédure qui serait en cause est l'*Apagogé*, une arrestation par prise de corps mise en œuvre par les accusateurs eux-mêmes[192]. Une nouvelle fois, c'est contre les termes employés par le plaidoyer que Louis Gernet fait cette interprétation. Nous renvoyons le lecteur au texte du discours d'Antiphon qui fait exclusivement état d'une *Endeixis* et jamais d'une *Apagogé*[193]. Il semble que la mise en œuvre d'une *Apagogé* ait été préférable pour Louis Gernet dans la mesure où cette procédure permettrait de justifier la thèse de Glotz selon laquelle les non-citoyens

---

188 L. Gernet, *ibid.*
189 L. Gernet, *ibid.*
190 L. Gernet, *ibid.*
191 L. Gernet, *op. cit.*, Notice p.105.
192 L. Gernet, *ibid.*
193 Antiphon, *op. cit.*, V, 9.

feraient l'objet d'une forme de *manu injectio*[194] et qu'à ce titre au sein des procédures de flagrant délit, l'*Apagogé* constituerait un cas spécifique d'ouverture pour les étrangers ou les esclaves.

Louis Gernet cherche également à trouver une autre explication dans l'affirmation faite en exorde du discours par Euxithéos au sujet de sa méconnaissance du droit. Louis Gernet semble induire qu'Euxithéos aurait confondu *l'Apagogé* et l'*Endeixis*[195]. Or, cet argument ne tient pas. Pour deux raisons, l'une que nous avons déjà donné. L'affirmation par un jeune homme dans un discours judiciaire de son inexpérience dans l'art de la parole ou de son ignorance du droit est une partie habituelle pour ne pas dire de style dans un plaidoyer destiné à s'assurer la bienveillance des juges. La seconde raison tient au rédacteur du discours. Antiphon en est le logographe et non Euxithéos. En sa qualité de spécialiste du droit pénal athénien, Antiphon savait exactement quelle était la procédure qui avait été appliquée à son client. De plus, nier la réalité de la procédure mise en œuvre aurait été contraire à l'intérêt de son client puisque les jurés disposaient des informations sur les conditions d'arrestation de l'accusé et donc sur la procédure elle-même. Le discours d'Antiphon, contrairement à l'assertion de Louis Gernet, est clair. Il précise, sans ambiguïté aucune, que c'est bien à la suite du dépôt d'une requête qu'Euxithéos a été arrêté par un magistrat et non directement par les accusateurs.

---

[194]F. Gaffiot, *Dictionnaire Latin Français*, Hachette, Paris, 1934, p.948, « manus, us, *manum injicere alicui* Cic. *Com.* 48, mettre la main au collet de qqn (l'arrêter) ».
[195]L. Gernet, *ibid.*

Louis Gernet continue dans la suite de son raisonnement à se référer à l'*Apagogé* et non à l'*Endeixis* lorsqu'il invoque la condition du flagrant délit et cela, rappelons-le contre le texte même d'Antiphon[196]. Le choix de l'une ou l'autre de ces qualifications juridiques a ici peu d'importance puisque ces deux procédures exigeaient la même condition préalable, le flagrant délit. Pour considérer que cette condition ne serait pas posée dans le cas d'Euxithéos, Louis Gernet va cependant différer quelque peu de Gustave Glotz dans la mesure où pour ce dernier la qualité de non-citoyen suffisait à exclure l'exigence du flagrant délit. À l'inverse, Louis Gernet considère que l'exigence du flagrant délit serait une question d'époque. Louis Gernet explique qu'à la date du procès d'Euxithéos, cette condition n'était pas posée, mais que celle-ci le sera plus tard[197].

Pour tenter de trouver une justification à cette indication, Louis Gernet précise, en effet, que si l'*Apagogé* « *avait dû être subordonnée à cette condition, nul doute qu'Antiphon n'eût discuté là-dessus, quoi qu'on dise*[198]. Or, nous ne pouvons que contester cette dernière assertion de Louis Gernet et cela en nous fondant sur les faits mêmes de l'affaire. En effet, Antiphon n'avait nul besoin de discuter de la condition du flagrant délit. Pourquoi ? Tout simplement parce que l'affaire n'était pas un flagrant délit. C'est la difficulté majeure du procès. Euxithéos n'a pas été pris sur le fait et ne fut l'objet d'aucune notoriété publique l'incriminant en tant qu'auteur du meurtre. La preuve de ce que nous avançons résulte des faits eux-mêmes. Après la disparition d'Hérode, Euxithéos n'a fait l'objet d'aucune poursuite.

---

[196]L. Gernet, *ibid.*
[197]L. Gernet, *ibid.*
[198]L. Gernet, *ibid.*

Comme les autres passagers, il a repris le cours de son voyage vers Aenos[199]. Euxithéos précise à ce titre « *avant que je ne fusse rembarqué pour Aenos, alors que la victime avait disparu, il n'y eut personne pour m'accuser, bien que mes adversaires, dès lors, eussent appris la nouvelle : autrement, je n'aurais pu m'embarquer* »[200]. Pour mettre en œuvre l'accusation, les parents d'Hérode ont dû réunir des preuves et encore celles-ci, comme le démontre le réquisitoire lui-même, se feront à partir de présomptions et non sur le fondement de preuves directes. Antiphon s'en est tenu dans son discours à ce qu'il lui incombait de faire, discuter les présomptions que l'on présentait comme des preuves, ni plus ni moins, car l'affaire était tout sauf un flagrant délit.

Or, Louis Gernet est obligé de reconnaître que l'exigence de la condition de flagrant délit pour la recevabilité des procédures de l'*Apagogé* et de l'*Endeixis* a été « *étendue à un cas comme celui d'Agoratos* »[201]. Cet argument est logique dans le raisonnement suivi par Louis Gernet puisque le procès d'Agoratos serait postérieur de dix-sept ans à celui d'Euxithéos. Nous avons vu, en effet, que ce dernier soutenait que l'exigence de la condition du flagrant délit serait apparue tardivement à l'égard des non-citoyens dans la mise en œuvre de l'*Apagogé* et de l'*Endeixis*. Cependant, rien ne permet de soutenir cette évolution entre 417 av. J.-C. et 400 av. J.-C., date à laquelle se réfère Louis Gernet. Celle-ci n'est étayée par aucun document. À l'inverse, nous disposons d'une affaire proche dans le temps du procès d'Antiphon, le cas du meurtre de Phrynicos commis en 411 av. J.-C. qui donna lieu à l'application de l'*Apagogé* à des métèques sous la

---

[199] Antiphon, *op. cit.*, V, 24.
[200] Antiphon, *op. cit.*, V, 25.
[201] L. Gernet, *op. cit.*, Notice p.105.

condition du flagrant délit[202]. Louis Gernet fait lui-même référence à cette affaire pour préciser qu'il était certain que l'*Apagogé* était exercée contre des non-citoyens[203].

Cette condition préalable du flagrant délit devait donc être réunie pour la mise en œuvre des procédures de l'*Apagogé* et de l'*Endeixis* et cela au temps même du procès d'Euxithéos. Dès lors, il n'est pas possible de concevoir qu'une condition exigée pour la procédure de l'*Apagogé* à l'égard d'un homme d'origine servile dans l'affaire d'Agoratos ne le serait pas dans une procédure d'*Endeixis* et de surcroît, à l'encontre d'un homme de condition libre. Si Euxithéos était un étranger, il n'était pas un étranger quelconque. C'était un allié. Certes, Euxithéos était un ressortissant d'une cité qui avait été en rébellion contre Athènes, mais la cité avait été graciée. Il disposait d'un statut évidemment supérieur à celui d'un esclave. Rappelons ce que Gustave Glotz disait lui-même à l'égard des alliés. Ceux-ci avaient un statut intermédiaire entre les citoyens et les simples étrangers[204]. En tous cas, le statut des alliés et donc leurs droits étaient à tout le moins équivalents sinon supérieurs à ceux d'un esclave. Euxithéos ne pouvait se voir soumis à une procédure d'*Endeixis* sans que la condition préalable du flagrant délit fût réunie. Or, il n'y avait pas de flagrant délit en l'espèce.

Cette condition manque dans le dossier de l'accusation comme l'articulation d'un fait de brigandage que l'accusation ne soulève à aucun moment contre Euxithéos. Il est manifeste que les conditions de l'*Endeixis* n'étaient pas réunies. Dès lors, Euxithéos était en mesure

---

[202]Michel Clerc, *Les métèques athéniens*, Arno Press, New York, 1979, p.424.
[203]L. Gernet, *op. cit.*, Notice p.104 note 2.
[204]*Supra* p.84.

de soulever l'exception d'illégalité. Louis Gernet rejette la possibilité pour Euxithéos de présenter un déclinatoire de compétence[205] qui tiendrait à deux raisons. En premier lieu, Louis Gernet précise à juste raison que ce moyen de droit a pour seul objet de contester la compétence de la juridiction saisie et non d'entamer une discussion sur le fond du dossier. Or, ajoute Louis Gernet, Euxithéos ne se limite pas à ce moyen de procédure, il développe une argumentation sur l'affaire elle-même, car il « *sait bien qu'il sera jugé sur le fond* »[206].

Section III. Un déclinatoire de compétence de l'Héliée en faveur de l'Aréopage

Il semble que Louis Gernet minimise un aspect essentiel de la procédure pénale à Athènes. En effet, Louis Gernet relève lui-même que l'usage du déclinatoire de compétence n'exclut pas « *des développements sur la cause elle-même* »[207]. Nous ajouterons que lorsque l'incompétence d'une juridiction est soulevée à Athènes, elle s'accompagne nécessairement de développements sur le fond de l'affaire, car l'accusé ne dispose d'aucune voie de recours lui permettant dans l'hypothèse où l'exception d'incompétence serait rejetée de soumettre la sentence qui sera prononcée à une juridiction supérieure. L'appel n'existe pas dans la procédure athénienne. Aussi, dans l'incertitude sur la position que prendront les jurés de l'Héliée sur la compétence, était-il nécessaire de produire

---

[205]Le déclinatoire de compétence est un acte de procédure par lequel un défendeur conteste la compétence de la juridiction saisie au titre de la procédure mise en œuvre à son encontre.
[206]L. Gernet, *op. cit.*, Notice p.104.
[207]L. Gernet, *ibid.*

une défense sur le fond. Rappelons au passage que le discours d'Antiphon soulève l'exception *in limine litis* comme il se doit et que cette partie du discours est entièrement distincte des développements sur le fond du dossier comme c'est également l'usage en ce domaine. Louis Gernet ne peut donc inférer du plaidoyer d'Euxithéos sur le fond de l'affaire que l'accusé ne disposerait pas de l'exception d'incompétence.

En second lieu, Louis Gernet soutient que l'exception en tant que moyen de droit n'existait pas au moment du procès et que celle-ci n'a fait « *son apparition que dans les toutes dernières années du Ve siècle : du reste, son emploi ne paraît pas bien attesté qu'en matière civile* »[208]. Mais, Louis Gernet relativise immédiatement son propos en apportant le tempérament suivant « *Voir pourtant, Pollux, VIII, 57, pour un cas assez analogue à celui-ci* »[209]. De plus, comment Antiphon aurait-il pu inscrire dans son discours un moyen de droit, si ce dernier n'existait pas au moment du procès entre 417 et 414 av. J.-C. ? Quel aurait été l'intérêt pour le logographe de soulever un tel moyen sachant qu'il ne pourrait avoir aucun effet juridique ? Si l'on se reporte à la position adoptée par Gustave Glotz et Louis Gernet, Antiphon aurait cherché à jeter le trouble dans l'esprit des jurés afin de leur faire croire à une illégalité de procédure qui n'existerait pas. C'est considérer que les jurés de l'Héliée pouvaient être facilement abusés. On retrouve ici le lieu commun du sophiste qui tromperait des citoyens mal préparés à se défendre contre les effets rhétoriques de son art.

---

[208] L. Gernet, *ibid.*

[209] L. Gernet, *op. cit.*, Notice p.104, note 1.

Mais, cette présentation est pour le moins abusive. C'est tout d'abord oublier que les citoyens athéniens étaient tenus de participer activement aux institutions judiciaires de la cité[210]. Or, cette forte participation impliquait que les jurés avaient un minimum de connaissance de la procédure. De plus, Euxithéos était un étranger. Il était en conséquence facile pour les jurés de connaître la différence de traitement entre un citoyen et les étrangers devant les juridictions athéniennes. Si les règles procédurales avaient l'évidence que leur prêtent Gustave Glotz et Louis Gernet, il était alors impossible de circonvenir plusieurs centaines de jurés.

Soulever une exception qui n'existerait pas pour des motifs tout aussi inexistants que ceux invoqués par Antiphon dans son discours aurait été des plus dangereux pour son client. Car en présentant cette exception, Euxithéos mettait en cause les magistrats[211] de la cité qui auraient fait montre de partialité à son encontre et plus grave encore, d'arbitraire. C'était accuser la cité, un risque bien périlleux pour un étranger et bien plus pour un Mytilénien. L'aspect politique, même si celui-ci est secondaire dans le procès pénal, revêt une importance toute particulière pour Euxithéos qui connaissait les préjugés d'un jury d'héliastes à l'égard d'un citoyen de Mytilène ce que les parents d'Hérode n'avaient pas manqué d'exploiter dans leur réquisitoire. Ce n'est donc pas à la légère qu'Antiphon invoquait l'exception d'incompétence dans son discours. C'est à la fois à bon escient et à bon droit. Comme nous l'avons vu les conditions de l'*Endeixis* n'étaient pas réunies. De plus, Euxithéos faisait l'objet d'une accusation formelle

---

[210]M. H. Hansen, *op. cit.* pp.216-224.

[211]Antiphon, *op. cit.*, V, 17, il s'agit des Onze magistrats.

d'assassinat à l'égard d'Hérode. Une telle incrimination relevait de la compétence exclusive de l'Aréopage.

Nous avons examiné les raisons pour lesquelles Gustave Glotz et Louis Gernet avaient écarté d'emblée la compétence de l'Aréopage pour juger un étranger à la cité accusé de crime prémédité. À leur opposé, nous avons une autre interprétation des critères de compétence de l'Aréopage. Nous considérons que la compétence de l'Aréopage ne se définissait pas par rapport à l'auteur des faits, mais seulement en fonction de la victime, un citoyen d'Athènes et en présence d'un homicide prémédité. Pour écarter la compétence de l'Aréopage à l'égard des étrangers, Gustave Glotz part du constat que l'homicide d'un esclave ou d'un étranger libre ne relève pas de la haute juridiction criminelle, mais du Palladion, compétent pour les cas d'homicides involontaires ou de meurtre sur un étranger, un métèque ou un esclave et qui ne prononce jamais la peine de mort[212]. Puis, Gustave Glotz ajoute « *Naturellement, on fait aussi une différence de procédure et de juridiction selon la personne du meurtrier. Cette différence est même forcément plus grande* »[213]. Nous pensons au contraire qu'en présence d'un meurtre prémédité, ce n'est plus la personne de l'auteur du crime qui l'emporte, mais bien celle de la victime. Il s'agit, en effet, de châtier, un crime commis contre un citoyen. Cette considération l'emporte sur tout autre et permet de retenir la compétence criminelle de l'Aréopage.

Nous avons déjà vu dans l'affaire *Sur l'empoisonnement* qu'un non-citoyen, en l'occurrence la belle-mère de l'accusateur avait été poursuivie devant l'Aréopage En effet, les femmes ne pouvaient être

[212]G. Glotz, *op. cit.*, p.432.
[213]G. Glotz, *ibid.*

citoyennes, car elles demeuraient des mineures leur vie durant. Entièrement soumises à l'autorité de leur père, puis de leur mari, elles ne pouvaient disposer des droits de citoyenneté. L'accès aux tribunaux leur était même interdit[214]. Pour autant, s'agissant du meurtre d'un citoyen, l'Aréopage face à un assassinat a bien été saisi en tant que juridiction compétente, alors même que l'accusée relevait de la catégorie des non-citoyens. Euxithéos pouvait donc invoquer la compétence de l'Aréopage pour juger son affaire alors qu'il était accusé d'avoir commis un meurtre prémédité sur la personne d'un citoyen d'Athènes.

C'est donc conformément au droit pénal athénien qu'Euxithéos demande à être jugé devant l'Aréopage, qu'il dénonce la privation du serment des témoins[215] qui était pourtant exigé dans les procès d'homicide et de la garantie du serment solennel[216], la *diomosia* qui imposait aux accusateurs de « *prêter le serment le plus grave et le plus fort, jurer avec imprécation contre toi, tes enfants et ta maison, que tu m'accuserais uniquement sur le fait du meurtre, comme quoi j'étais bien le meurtrier ; c'était la garantie que, même coupable de bien des méfaits, je ne serais condamné que sur cette affaire-là* ... »[217].

Cette dernière revendication est importante pour Euxithéos. L'accusé encourt, en effet, le risque que l'affaire puisse être jugée une seconde fois dès lors que l'Héliée prononcerait une sentence d'acquittement. En choisissant d'agir devant l'Héliée au titre d'une *Endeixis*,

---

[214]M.H. Hansen, *op. cit.*, p.237 le rappelle pour l'Héliée et nous avons vu que la belle-mère de l'accusateur bien que poursuivie devant l'Aréopage n'était pas présente aux débats, mais représentée.
[215]Antiphon, *op. cit.*, V, 12 ; V, 15.
[216]Antiphon, *op. cit.*, V, 10.
[217]Antiphon, *op. cit.*, V, 11.

c'est-à-dire du chef de brigandage, les accusateurs se réservaient implicitement une forme de recours puisqu'ils auraient alors disposé du moyen de poursuivre à nouveau Euxithéos devant l'Aréopage sous la qualification d'assassinat. Aussi, Euxithéos s'interroge-t-il sur la certitude des parents d'Hérode dans l'accusation qu'ils profèrent à son encontre, « *au lieu d'intenter, comme quelqu'un qui eût été sûr de son droit, un seul procès qui ne laissât place à aucune contestation, tu t'es ménagé une contestation et un recours, comme si tu te défiais d'avance du présent tribunal : de la sorte, je ne devais rien gagner à être acquitté ici et tu pouvais prétendre que, absous comme malfaiteur, je ne l'avais pas été du chef de meurtre* »[218].

Cette éventualité, qui ne pouvait être écartée, constituerait une atteinte grave à l'un des principes fondamentaux de la procédure pénale athénienne que rappelle Georges Vlachos qui cite à ce titre Demosthène « *Les lois défendent de poursuivre deux fois la même personne pour les mêmes faits … (c. Leptine 147)* »[219]. Ce principe régit encore aujourd'hui notre procédure pénale avec la règle *non bis in idem*. La procédure d'*Endeixis* était dès lors susceptible de porter atteinte non seulement à la liberté, mais également à la sûreté personnelle d'Euxithéos. Les parents d'Hérode n'avaient rapporté à aucun moment la preuve d'un fait de brigandage, ni démontré l'existence d'un flagrant délit. Le réquisitoire incriminait Euxithéos exclusivement de meurtre prémédité. Le déclinatoire de compétence trouvait, selon

---

[218]Antiphon, *op. cit.*, V, 16.

[219]Georges Vlachos, *La République des Athéniens. Etat de droit et de justic. Le témoignage de Démosthène* in Revue internationale de droit comparé. Vol. 45, n°4, octobre-décembre 1993, p.853.

nous et contre l'avis de Gustave Glotz et de Louis Gernet une pleine et entière justification.

Chapitre III

Une manipulation des preuves et de la procédure par l'accusation

Dans cette troisième partie du discours, Euxithéos renverse l'accusation. La plaidoirie de la défense va s'appliquer, en effet, à soulever une à une les nombreuses incohérences de ses accusateurs dans la relation des faits. Tout d'abord, les parents de la victime ne s'en tiennent pas à une seule version, mais à plusieurs ce qui vient. Rien n'est dès lors, plus contradictoire avec la qualification de flagrant délit sur laquelle se fonde toute la procédure de l'accusation (Section I).

Afin de réunir des preuves contre l'accusé, les parents de la victime ne vont pas hésiter à soumettre à la question l'homme libre, qui avait accompagné Euxithéos au début de son voyage et qui s'était rendu à Mytilène avec l'esclave pour les informer de la disparition d'Hérode. C'est un des cas, très rare il est vrai, de torture appliquée à un homme libre. Par principe, le statut d'homme libre répugnait à cette mesure d'investigation qui était principalement réservée aux esclaves. Louis Gernet met en doute que cet homme fut de statut libre. Nous pensons au contraire que le discours judiciaire fait bien la distinction entre l'esclave et lui et que nous sommes en présence ici d'un des cas exceptionnels dans les annales de la procédure criminelle grecque d'application de la torture à un homme de statut libre (Section II).

Cependant, cette mesure ne produira pas les effets escomptés par l'accusation. L'homme constant dans ses déclarations innocentera Euxithéos. Aussi, les accusateurs vont-ils employer des moyens de plus en plus discutables pour parvenir à trouver les preuves qui se dérobaient à eux. Ils vont soumettre à son tour l'esclave à la torture en bafouant toutes les règles de la procédure en ce domaine. Procédure contradictoire, la question devait être appliquée en présence de l'accusé. Or, c'est en secret et de manière unilatérale que la torture sera mise en œuvre. Malgré de nombreuses manipulations, les accusateurs ne parviendront à arracher qu'un aveu. Mais, une fois cet aveu en leur possession alors que le serviteur de l'accusé se rétractera, ils le tueront rendant impossible tout autre contre-interrogatoire. Cette partie du procès met en évidence le rôle fondamental joué par le principe du contradictoire dans le cadre de la procédure pénale athénienne jusque dans le plus sombre de ses aspects, la question judiciaire (Section III).

Conscients de la fragilité de la seule pièce en leur possession, les accusateurs produiront un billet miraculeusement trouvé sur le navire dont l'objet était d'informer un certain Lycinos du meurtre d'Hérode. Nous verrons en nous attachant aux conditions de la découverte de ce billet, de son libellé et de sa place dans la procédure, qu'il ne peut s'agir que d'un faux fabriqué par une accusation dont les motifs n'étaient pas désintéressés. Euxithéos démontrera alors l'absence de mobiles personnels pour commettre le meurtre d'Hérode mais également chez ceux que l'accusation voulait faire passer pour ses commanditaires, Lycinos et le père d'Euxithéos (Section IV).

Section I. Les variations de l'accusation dans la version du meurtre

Après cette partie du discours consacrée *in limine litis* à l'illégalité de la procédure, Euxithéos pouvait désormais s'attacher à dénoncer les nombreuses contradictions du réquisitoire. Il rappelle tout d'abord que s'il avait pris le même vaisseau qu'Hérode, leur présence sur ce navire était entièrement due au hasard. Il devait se rendre à Aenos où résidait son père et Hérode voyageait lui-même pour reconduire des Thraces qui, réduits en esclavage, avaient été libérés par leurs parents après le paiement d'une rançon[220].

Euxithéos produit à l'appui de ces indications des témoignages comme il le fera pour les parties suivantes du discours. Mogens Hansen rappelle que « *Le recours aux témoins était naturellement la meilleure façon d'apporter une preuve* »[221]. Ces premiers témoignages produits par Euxithéos étaient destinés à démontrer que chacun se trouvant sur le navire pour des raisons qui lui étaient propres, la préméditation ne pouvait se déduire de sa présence sur le navire où Hérode avait pris place[222]. De la même manière, Euxithéos tenait à préciser que le passage sur le navire ponté en raison de la tempête et des intempéries était le fait du hasard et non d'un guet-apens[223]. À nouveau des témoins vinrent corroborer ce passage de la plaidoirie d'Euxithéos.

---

[220] Antiphon, *op. cit.*, V, 20.
[221] M. H. Hansen, *op. cit.*, p.236.
[222] Antiphon, *op. cit.*, V, 21.
[223] Antiphon, *op. cit.*, V, 22.

Puis, Euxithéos évoqua le déroulement des faits à bord du navire. Il précisa que tous se mirent à boire et qu'Hérode sortit du vaisseau tandis que lui-même demeurait à l'intérieur[224]. À nouveau des témoins, certainement plusieurs des passagers qui se trouvaient sur le navire au moment des faits[225] vinrent confirmer les indications données par l'accusé. Euxithéos rappela alors que la disparition d'Hérode ne fut découverte que le lendemain et qu'après de vaines recherches, il prit la décision d'envoyer son esclave et son compagnon de voyage à Mytilène afin d'informer les parents du disparu[226].

Après la production de nouveaux témoignages pour confirmer ses dires, Euxithéos faisait apparaître la première contradiction de l'accusation que celle-ci avait passé sous silence lors du réquisitoire. En effet, les parents d'Hérode, une fois informés, avaient fouillé le navire à la recherche des traces du crime. Ils y trouvèrent du sang et alléguèrent sans attendre qu'il s'agissait du lieu même où le crime avait été commis. Cependant, les témoins certainement appelés par les amis d'Euxithéos[227] n'eurent aucun mal à démontrer que le sang en question n'était pas celui d'un homme mais bien d'animaux qui avaient été sacrifiés la veille sur le vaisseau. Ces sacrifices avaient lieu pour remercier un dieu ou une déesse d'avoir préservé

[224]Antiphon, *op. cit.*, V, 23.

[225]Bien que le discours d'Antiphon ne le précise pas, ces attestations ne pouvaient qu'émaner des personnes qui se trouvaient alors à bord du vaisseau ponté.

[226]Antiphon, *op. cit.*, V, 23, 24.

[227]Si les amis d'Euxithéos n'ont pu assister à toutes les opérations d'instruction, le texte nous indique qu'ils ont tenté d'exercer un certain contrôle sur les mesures d'investigation mises en œuvre par l'accusation ce que nous verrons dans le cadre de la question administrée à l'esclave d'Euxithéos cf. Antiphon, *op. cit.*, V 34.

les marins et les passagers d'une tempête[228]. Tous les témoins présents, lors du sacrifice et au moment de la fouille du navire, attestaient de la réalité de ce sacrifice et de son emplacement sur le navire. Les parents d'Hérode, contraints d'abandonner cette version des faits, n'en feront plus état dans leur réquisitoire[229]. Euxithéos insistait ici sur la variation de l'accusation dans la version des faits au cours de l'instruction. Cette dernière se livrait à des spéculations dans une affaire où les faits, comme nous l'avons déjà indiqué, relevaient exclusivement de présomptions alors que la procédure ouverte contre Euxithéos était celle du flagrant délit.

Les accusateurs vont alors prétendre dans le cadre d'une seconde version qu'Hérode a été assassiné à terre après qu'il fut descendu du navire en compagnie d'Euxithéos qui le tua d'un coup de pierre à la tête[230]. Les parents d'Hérode feront leur cette présentation des faits bien que celle-ci se heurtât aux différents témoignages qui confirmaient qu'Euxithéos n'avait pas quitté le bord. De plus, les accusateurs n'étaient pas parvenus à trouver la moindre preuve du meurtre et des modalités de celui-ci. L'accusé rappelle cependant que lorsque la disparition d'Hérode fut découverte, les investigations mises en œuvre durèrent deux jours pendant lesquels le sang de la victime, dont la tête aurait été fracassée par une pierre, ne fut retrouvé ni aux alentours, ni aux abords du navire ni sur celui-ci[231].

---

[228]Vinciane Pirenne-Delforge, *L'Aphrodite grecque*, Presses Universitaires de Liège, Liège, 1994, Chapitre II, p.346, « Ce sont également des marins qui espèrent une bonne traversée ou remercient la déesse pour avoir échappé au désastre en mer » .
[229]Antiphon, *op. cit.*, V, 29.
[230]Antiphon, *op. cit.*, V, 26.
[231]Antiphon, *op. cit.*, V, 27.

Euxithéos constate que les accusateurs ne peuvent fournir aucune explication vraisemblable sur la manière dont Hérode a disparu. À ce titre, Louis Gernet rappelle que dans cette affaire, chacune des parties en est réduite à trouver des explications vraisemblables faute de preuve directe[232]. C'est donc sur la base de simples présomptions que les accusateurs peuvent fonder leur réquisitoire. Nous sommes loin du flagrant délit exigé par la procédure d'*Endeixis*.

Il est dès lors facile pour Euxithéos de mettre les accusateurs face à leurs propres contradictions. Ces derniers soutiennent que le corps d'Hérode aurait été jeté en mer d'un navire. Or, aucune trace de sang sinon celui des animaux sacrifiés a été retrouvé sur le navire où se trouvaient Euxithéos et Hérode. De plus, aucun indice n'a pu être identifié sur les autres navires qui mouillaient non loin du vaisseau ponté[233].

Section II. Une procédure d'exception : la torture d'un homme libre

Aussi, conscients de la faiblesse de l'accusation, les parents d'Hérode devaient-ils s'emparer de l'esclave d'Euxithéos et de son compagnon de voyage pour soumettre ces derniers à la question[234]. L'ami d'Euxithéos était le premier qui dut subir la torture. Mais, il n'incrimina à aucun moment Euxithéos et le déclara innocent des faits qu'on lui reprochait[235]. Louis Gernet

[232]L. Gernet, *op. cit.*, note 1 sous V, 26.
[233]Antiphon, *op. cit.*, V, 28.
[234]Antiphon, *op. cit.*, V, 29.
[235]Antiphon, *op. cit.*, V, 30 ; V, 42.

s'interroge sur le statut social de ce dernier. Est-il véritablement un homme libre ? Louis Gernet exprime un doute à ce sujet[236]. Il constate qu'il n'est fait allusion à cette qualité d'homme libre que dans l'un des passages du discours d'Antiphon[237]. Il ajoute qu'ailleurs dans le discours, cet homme est toujours rapproché de l'esclave[238] et que l'absence de différence faite entre les deux pourrait laisser à penser qu'ils avaient l'un et l'autre la qualité d'esclave[239]. Nous constatons cependant que dans la partie du discours visée par Louis Gernet (V, 29), ce dernier traduit lui-même par les deux hommes et non les deux esclaves. De plus, le discours n'utilise pas le mot « esclave » pour désigner le compagnon de voyage d'Euxithéos. À l'inverse, le discours désigne l'esclave sous cette qualification[240].

Louis Gernet doit dès lors ajouter que si le texte du discours devait être considéré comme certain au titre de la qualification retenue d' « homme libre », ce serait seulement le second cas connu où un homme libre aurait été soumis à la torture dans une procédure privée[241]. Louis Gernet fait référence ici au troisième discours de Lysias[242]. Dans leur commentaire du passage de Lysias Louis Gernet et Marcel Bizos écrivent « *En général, il ne paraît pas que les hommes libres pussent être mis à la torture dans des causes privées (comme le sont les causes*

---

[236]L. Gernet, *op. cit.*, note 4 sous V, 49.
[237]Antiphon, *op. cit.*, V, 49.
[238]Antiphon, *op. cit.*, V, 29.
[239]L. Gernet, *op. cit.*, note 4 sous V, 49.
[240]Antiphon, *op. cit.*, V, 49.
[241]L. Gernet, *op. cit.*, note 4 sous V, 49.
[242]Lysias, *Discours*, Tome I (I-XV) trad. Louis Gernet et Marcel Bizos, *op. cit.*,*Contre Simon*, III 33, « je n'avais que cet enfant, qui incapable de me prêter main-forte, pouvait fort bien par contre soumis à la question, me dénoncer si je me mettais dans mon tort ».

de meurtre). Faudrait-il en conclure que Théodote était esclave ? Le cas est d'autant plus embarassant que, libre et Platéen, il aurait eu le statut d'Athénien, et que les Athéniens, certainement, ne pouvaient être soumis à la question. – Autre cas douteux dans Ant., V, 49 »[243].

Michel Clerc rappelle l'interdiction formelle de soumettre à la question les citoyens athéniens édictée par plusieurs décrets[244]. Mais, il ajoute que les hommes libres, qui ne jouissaient pas du droit de cité, pouvaient être soumis à la torture. À la différence de Louis Gernet, Michel Clerc fonde son analyse sur le cas de Théodotos et invoque à cette occasion les textes cités par Auguste Böckh pour illustrer cette possibilité de la torture appliquée à un homme libre : « *les textes qu'indique Böckh*[245] *sont aussi très concluants et montrent qu'ils pouvaient être appliqués à la torture : c'est ce que dit Lysias en parlant du jeune Platéen Théodotos et d'Agoratos* »[246]. C'est très certainement le cas du compagnon d'Antiphon qui devait être, sinon un Mytilénien, à tout le moins un étranger d'une autre cité.

Il est vrai que Michel Clerc relativise sa précédente analyse au sujet de Théodotos et d'Agoratos lorsqu'il ajoute « *Seulement dans les deux cas, l'orateur s'exprime de la même façon : il dit simplement qu'on aurait pu les soumettre l'un et l'autre à la torture ; mais, en fait, on*

---

[243]L. Gernet et M. Bizos, *op. cit.*, III, 33 et note 2.
[244]M. Clerc, *op. cit*, p.105, « Pour les citoyens, il n'y a pas de doute : le décret rendu sous Scamandrios l'interdisait formellement, et même lors de l'affaire des Hermocopides, on ne se décida pas à en suspendre l'application ».
[245]Auguste Böckh, *Die Staatshaushaltung der Athener*, G. Reimer, Berlin, 1866, Tome I, p.227.
[246]M. Clerc, *op. cit.*, p.106.

n'eut pas à recourir à ce moyen »[247]. Il n'en reste pas moins que nous tempérerons à notre tour cette analyse de Michel Clerc dans le cas d'Agoratos et nous nous référerons pour le faire au texte de Lysias traduit par Louis Gernet. Nous constaterons qu'il s'agit bien d'un cas d'application de la question à un homme libre qui mourut « *à la suite de la torture* »[248]. Michel Clerc rappelle lui-même que « *Thucydide dit formellement qu'un des complices du meurtre de Phrynichos, un Argien, fut mis à la torture par ordre des Quatre-Cents* »[249]. Aussi Michel Clerc précise-t-il qu' « *Il faut donc conclure avec Böckh, que, si on pouvait soumettre à la torture les hommes libres non citoyens, on le faisait beaucoup moins facilement que pour les esclaves* »[250].

Si peu usitée qu'elle fût, cette pratique de la torture à l'égard des hommes libres pouvait être mise en œuvre et rien ne permet de dire qu'elle ne le fût pas dans le procès d'Euxithéos, tout au contraire. Or, la constance du compagnon de voyage d'Euxithéos dans sa déclaration d'innocence en faveur de l'accusé avait une importance indiscutable comme le montre le discours d'Antiphon. Ce dernier n'avait rien à gagner à subir l'épreuve de la question, sinon dire la vérité. « *C'est que, d'abord, ils ne pouvaient faire miroiter à ses yeux la liberté pour le gagner (...) c'est aussi que celui-là acceptait le risque de souffrir ce qu'il faudrait pour la vérité – car pour ce qui est de son intérêt, il savait bien lui aussi, qu'il n'aurait qu'à parler dans leur sens pour cesser d'être torturé* »[251].

---

[247]M. Clerc, *op. cit*, p.106.
[248]Lysias, *op. cit.*, *Contre Agoratos,* XIII, 54.
[249]M. Clerc, *op. cit*, p.106 ; cf. Thucydide, *Histoire de la guerre du Péloponnèse*, Tome V, trad. Jacqueline de Romilly et R. Weil, 2009, VIII, 92.
[250]M. Clerc, *ibid.*.
[251]Antiphon, *op. cit.*, V, 50.

Louis Gernet exprime à ce titre une nouvelle réserve « *Sur les conditions où il a été mis à la torture, sur les résultats mêmes que la torture a pu donner, le plaidoyer laisse subsister pour nous quelque incertitude : l'accusé tire avantage, sans doute, de cette épreuve, mais si elle avait été aussi convaincante qu'il le dit, on s'attendrait à ce qu'il triomphât d'une manière plus décidée* »[252]. Existe-il un doute comme le laisse supposer Louis Gernet sur l'application de la torture à l'homme libre et sur ses résultats ? Nous ne le pensons pas. Louis Gernet s'étonne qu'Antiphon ne triomphe pas dans son discours ce qui laisserait supposer que les réponses données par le compagnon de voyage d'Euxithéos n'aient pas eu le caractère univoque que lui prête le logographe. Mais, si tel avait été le cas, si l'homme libre soumis à la torture n'avait pas été aussi affirmatif sur l'innocence d'Euxithéos, l'accusation n'aurait pas manqué de l'exploiter. Or, face à une mise en cause de cet ordre au regard des déclarations mêmes du compagnon de voyage d'Euxithéos, nul doute qu'Antiphon aurait esquissé une réponse.

Même occultée en partie par l'habileté d'Antiphon, le discours laisserait entr'apercevoir une telle réplique. Or, il n'en est rien. Euxithéos est des plus affirmatifs. Si véritablement il existait un doute à ce titre, ce dernier ne pourrait le déclarer avec la certitude qui caractérise ce passage du discours « *Voyons maintenant l'autre individu, celui qui naviguait sur le même vaisseau que moi, qui fut présent jusqu'au bout et à mes côtés : soumis à la même torture, ses propos furent d'accord avec les premiers et les derniers du précédent, dont la vérité est ainsi confirmée ; car jusqu'au bout, il me déclara innocent ...* »[253].

[252]L. Gernet, *op. cit*, note 1 sous V, 42.
[253]Antiphon, *op. cit.* V, 42.

Euxithéos réitère un peu plus loin dans son plaidoyer cette constance de son compagnon de voyage dans ses déclarations. « *...l'homme libre, n'a pas encore eu un mot pour m'accuser, et pourtant il était soumis à la même torture* »[254]. Il n'existe ici aucune hésitation dans le ton du discours. Celui-ci est clair et net. Euxithéos se prévaut sans la moindre réserve de la fermeté de son compagnon de voyage qui, soumis à la torture, a proclamé son innocence et cela tout au long de l'épreuve qu'il subissait. Antiphon n'aurait pu maintenir une telle assertion si la question avait donné un autre résultat. Nous examinerons plus loin la dernière objection de Louis Gernet à l'encontre de cette partie du discours : « *on verra l'astuce modeste à laquelle il (*Antiphon*) se réduit, § 51* »[255]. Cette réserve n'est pas fondée[256].

Section III. La violation du contradictoire : une torture clandestine de l'esclave

Mais, avant de venir à cette question, il est nécessaire de prendre connaissance de la partie du discours d'Antiphon qui met en cause les violations graves que nous n'avons pas hésité à qualifier de suspectes dans l'administration de la question par les accusateurs à l'égard du deuxième homme, l'esclave d'Euxithéos. À la lecture de cette partie du discours, on imagine l'indignation de l'accusé dont la voix enfle et résonne dans l'enceinte confinée de l'Héliée.

[254]Antiphon, *op. cit.* V, 49.
[255]L. Gernet, *op. cit.* note 1 sous V, 42.
[256]*Infra* p.118 et s.

Euxithéos dénonce, en effet, avec véhémence les irrégularités pour ne pas dire les manœuvres de l'accusation afin d'extorquer les aveux de son serviteur. Les accusateurs s'étaient emparés de l'esclave envoyé par Euxithéos pour les informer de la disparition d'Hérode. Le discours précise même que les parents d'Hérode l'avaient acheté. Cette partie du discours ne manque pas de soulever une nouvelle question. A qui l'esclave a-t-il pu être acheté puisque Euxithéos était alors en route vers Aenos ? Quoi qu'il en soit le texte du discours est affirmatif. Les accusateurs ont acheté l'esclave[257].

Une fois l'esclave à leur disposition, ce dernier n'a pas été soumis immédiatement à la question[258]. Euxithéos, qui ne semble pas disposer d'information à ce titre, suppose seulement que pour faire parler l'esclave, les parents d'Hérode lui promirent la liberté et l'arrêt immédiat de ses tourments. Ce dernier qui s'était refusé à impliquer son maître avant que la question lui fut administrée n'hésita pas à le dénoncer[259]. Cette supposition n'est, en effet, pas vérifiée ni vérifiable au regard même du texte du discours.

C'est ici que se situe la gravité de la violation de la procédure pénale commise par les parents d'Euxithéos. En effet, la mise en œuvre de la torture exigeait le respect d'une règle essentielle de la procédure, le principe du contradictoire. Nous avons rencontré cette norme dans le cadre de la première affaire *Sur l'empoisonnement*[260]. En effet, la question doit être administrée en présence de l'accusé selon des modalités préalablement arrêtées par les

[257] Antiphon, *op. cit.*, V, 47.
[258] Antiphon, *op. cit.*, V, 30, 31.
[259] Antiphon, *op. cit.*, V, 31.
[260] *Supra* p.38 et s.

parties. L'accusateur et l'accusé choisissaient des individus dénommés *tois basanistais*, les tortionnaires, qui étaient chargés d'appliquer la torture. Les parties pouvaient se réserver ce rôle, comme nous l'avons vu dans l'affaire *Sur l'empoisonnement*[261]. La question était donc appliquée en présence des deux parties qui pouvaient procéder à des interrogatoires et des contre-interrogatoires afin de consigner les réponses dans un procès-verbal. Or, comme le relève fort justement Louis Gernet ici « ... *la torture a été administrée dans le privé et dans le secret*[262]. Louis Gernet doute qu'un protocole pour consigner les déclarations de l'esclave ait été établi[263]. Nous pensons, au contraire, comme nous l'avons indiqué plus haut, que ce procès-verbal existait bien, mais que l'accusation n'avait consigné dans celui-ci que les déclarations qui l'intéressaient, obligeant l'accusé à recourir à des témoignages pour rétablir les paroles de l'esclave qui avaient été occultées. Aussi Euxithéos faisait-il remarquer que s'il avait été en mesure d'être présent et de procéder lui-même à un contre-interrogatoire « *il y aurait eu là de quoi l'empêcher de m'accuser à faux : mais c'étaient les mêmes qui procédaient à la question et qui étaient juges dans leur propre partie* »[264].

Cette violation de la procédure pénale était des plus graves, mais les accusateurs avaient commis une seconde contravention aux règles de la procédure qu'Euxithéos s'empressait de dénoncer. En effet, les amis d'Euxithéos, en son absence, avaient fait délivrer aux parents d'Hérode une *proklhsis*, une sommation, c'est-à-dire un acte extra judiciaire destiné en l'occurrence à obliger solennellement

[261] Antiphon, *op. cit.*,I, 10.
[262] L. Gernet, *op ; cit.* note 2 sous V, 34.
[263] L. Gernet, *ibid.*
[264] Antiphon, *op. cit.*, V, 32.

la partie adverse à se conformer à l'invitation qui lui était faite. Cette sommation intimait l'ordre aux parents d'Hérode, s'exclame Euxithéos, « *de ne pas exécuter l'esclave avant mon retour* »[265].

Or, Euxithéos précise que l'esclave a été tué et que sa mort lui aurait été volontairement donnée par les parents d'Hérode, « *ils ont acheté l'esclave et, de leur chef, de leur propre autorité, ils l'ont tué, lui le dénonciateur, sans vote du peuple, et quand il n'était point le meurtrier* »[266]. Euxithéos rappelle aux héliastes que les parents d'Hérode se sont arrogé un droit qui n'appartient qu'aux juridictions d'Athènes et cela même quand des esclaves tuent leur propre maître et qu'ils sont pris en flagrant délit[267]. Louis Gernet réplique à cet argument d'Euxithéos que « *le meurtre d'un esclave dont on est propriétaire ne donne pas lieu à un jugement* » avant de préciser « *or, dans le cas présent les adversaires avaient acheté l'esclave (§ 47) ; le sophisme est donc certain* »[268]. Il n'y a ici aucun sophisme, mais une argumentation pleinement justifiée d'Antiphon. Les accusateurs ont fait disparaître un témoin après s'être assuré la mainmise sur ce dernier. Or, les parents d'Hérode n'avaient plus la pleine maîtrise sur l'esclave qui faisait partie intégrante de la procédure judiciaire et ce d'autant plus que ces mêmes accusateurs avaient reçu une sommation de ne pas tuer l'esclave.

Euxithéos ajoute aussitôt que l'esclave « *maintint ses accusations ; mais lorsqu'il vit qu'il allait être exécuté, il se mit à dire la vérité : il déclara qu'il avait été*

---

[265]Antiphon, *op. cit.*, V, 34.
[266]Antiphon, *op. cit.*, V, 47.
[267]Antiphon, *op. cit.*, V, 47, 48.
[268]Louis Gernet, *op. cit.*, note 3 sous V, 48.

gagné par mes adversaires pour m'accuser à faux »[269]. Louis Gernet rappelle à ce titre que le refus de déférer à la sommation constitue une présomption contre les accusateurs[270].

Mais, la conséquence est beaucoup plus grave que ne l'indique Louis Gernet. Nous ne sommes même pas dans l'hypothèse traditionnelle invoquée par Euxithéos d'une sommation que feraient des accusateurs à un accusé de livrer son esclave pour soumettre celui-ci à la question et qui, opposant un refus à cette réquisition, ferait naître une présomption à son encontre[271]. Ici, il ne s'agit pas d'un acte équivalent à un refus, mais bel et bien d'une manœuvre des accusateurs pour empêcher définitivement tout débat contradictoire sur un témoignage à charge plus qu'incertain. La suspicion d'Euxithéos à l'égard des parents d'Hérode de faire, « *disparaître la preuve de la vérité* » est dès lors, des plus justifiées[272]. Par cette violation de la sommation, les accusateurs permettaient à Euxithéos de déclarer « *c'est la preuve que l'accusation qu'ils ont portée contre moi est une accusation mensongère* »[273]. Il faut le constater cette mort de l'esclave sous la torture ou à la suite des tourments qui lui avaient été affligés ou par un acte délibéré des accusateurs jetait un doute sur les déclarations de ce dernier et tout particulièrement sur l'aveu du crime qu'aurait commis Euxithéos.

Nous sommes en présence certes d'un aveu, mais extorqué dans des conditions pour le moins troubles et en

---

[269]Antiphon, *op. cit.*, V, 33.
[270]L. Gernet, *op. cit.*, note 2 sous V, 34.
[271]Antiphon, *op. cit.*,V, 37.
[272]Antiphon, *op. cit.*, V, 35 ; V, 46.
[273]Antiphon, *op. cit.* V, 38.

contradiction avec les déclarations de cet esclave qui avaient précédé et suivi sa confession. La première déclaration, avant que l'esclave ne fut mis à la question, innocentait Euxithéos, la seconde, l'accusant, avait eu lieu sous la torture tandis que la dernière assertion faite par l'esclave antérieurement à son décès était pour revenir sur son aveu et innocenter Euxithéos[274]. Il existe donc une incertitude sur les déclarations contraires de l'esclave alors que l'accusé s'est vu interdire tout contrôle sur celles-ci.

C'est ici que Louis Gernet développe une argumentation pour critiquer la discussion ouverte par Euxithéos sur le contenu de la déclaration de l'esclave qui nous paraît pour le moins surprenante pour ne pas dire contestable. Euxithéos va, en effet, apporter une précision sur l'aveu de l'esclave qui est la suivante « *Ils disent encore que l'esclave, étant mis à la question, avoua qu'il avait participé au meurtre. Je soutiens moi qu'il ne disait pas cela : il disait qu'il nous avait emmenés moi et la victime, hors du vaisseau, et que lorsque Hérode eut été tué par moi, il l'avait emporté avec moi, déposé dans le vaisseau, puis jeté à la mer* »[275].

Louis Gernet voit dans ce passage du discours d'Antiphon une contradiction avec une autre partie du plaidoyer. Il écrit à ce titre « *mais plus tard, au § 54, l'accusé paraît bien adopter la version des accusateurs sur le témoignage de l'esclave* »[276]. Ici, Louis Gernet fait référence à l'argument donné par Euxithéos au § 54 sur l'aveu de l'esclave et le billet que l'accusation déclare avoir trouvé sur le navire et sur lequel Euxithéos aurait écrit qu'il avait tué Hérode. Le passage du § 54 est le

[274]Antiphon, *op. cit.*,V, 33 ; V, 36, 37 ; V, 40, 41.
[275]Antiphon, *op. cit.* V, 39.
[276]L. Gernet, *op. cit.*, note 2 sous V, 39.

suivant : « *Considérez aussi qu'il y a désaccord entre le billet et l'esclave mis à la torture (...) celui-ci déclarait avoir tué lui-même la victime, l'écrit qui fut ouvert me désignait, moi, comme le meurtrier* »[277]. Louis Gernet écrit sur ce dernier passage « *...à moins qu'il n'entende brouiller les cartes, on ne voit pas bien la contradiction dont il s'autorise, après ce qu'il soutient plus haut (§ 39)* »[278].

Or, ici la contradiction est manifeste. Contrairement à ce que pense Louis Gernet, Euxithéos n'adopte en aucune façon la version des accusateurs. Il existe bien une contradiction et c'est une méthode, vieille comme le monde qu'emploie ici Antiphon pour mettre cette discordance en exergue. Nous l'utilisons aujourd'hui dans nos propres plaidoiries en tant qu'avocat pour faire apparaître l'incohérence des pièces d'une partie adverse. En effet, Antiphon dans le plaidoyer qu'il rédige pour Euxithéos ne change pas de version. Il se contente de rapprocher d'une part, l'allégation des accusateurs qui prétendaient que l'esclave avait été le co-auteur du meurtre avec Euxithéos (§ 39) en la reproduisant au § 54 et d'autre part, le libellé du billet, censé émaner d'Euxithéos, où ce dernier se désigne seul comme le meurtrier. Il y a donc bien une contradiction dans la version même de l'accusation qui déclare à la fois que l'esclave s'est désigné comme l'un des auteurs du crime et le billet qui fait état d'un seul auteur, Euxithéos.

Comme le montre le texte du discours, Euxithéos n'a jamais fait sienne la version des accusateurs. Il suffit de se reporter non seulement au § 39, mais également au § 42 où Euxithéos fait état de la version de l'aveu de l'esclave qui

---

[277]Antiphon, *op. cit.* V, 54.
[278]L. Gernet, *op. cit.* note 2 sous V, 55.

est exactement la même que celle qu'il soutenait au § 39, l'esclave a déclaré qu'il aurait seulement aidé à transporter le corps d'Hérode après qu'Euxithéos l'ait tué. Euxithéos rappelle, en effet, que l'esclave *« a déclaré que j'avais quitté le vaisseau pour tuer Hérode et que lui-même avait enlevé le cadavre avec moi ... »*[279]. Cette version se retrouve au § 44 lorsque Euxithéos déclare qu'Hérode serait « *tombé sous les coups d'un seul homme* »[280], c'est-à-dire lui-même. Au § 54, Euxithéos n'a pas à reprendre sa version qui ne contredit pas le contenu du billet, mais celle des accusateurs, très certainement consignée dans le procès-verbal et qui se trouve en total désaccord avec l'autre pièce que les parents d'Hérode produisent aux débats, le billet. C'est bien la contradiction entre ces deux pièces que le plaidoyer d'Euxithéos met en lumière.

Comme on peut le constater non seulement dans ce dossier l'homme libre soumis à la torture avait innocenté Euxithéos du crime dont on l'accusait, mais les versions données par l'esclave avaient également évolué au fil du temps puisque, avant d'être soumis à la question, le serviteur déclarait son maître innocent du meurtre et qu'après son aveu, il se rétractait pour revenir à sa première version. De plus, l'aveu lui-même, tel que le rapporte l'accusation, se trouvait entièrement contredit par le contenu du billet produit par celle-ci. Cela fait beaucoup et nul doute qu'aujourd'hui cet état du dossier suffirait à assurer la relaxe du prévenu des chefs de la prévention. Mais, nous sommes devant l'Héliée et les choses n'étaient pas aussi simples.

À cet égard, nous nous étonnons de voir Louis Gernet qualifier d'« *astuce modeste à laquelle il se*

[279] Antiphon, *op. cit.* V, 42.
[280] Antiphon, *op. cit.* V, 44.

réduit »[281], lorsqu'il invoque le § 51 du discours d'Antiphon. Le passage concerné est le suivant « ... *des allégations de l'esclave, une égale partie est en faveur de chacun de nous ; ses affirmations sont pour eux, ses dénégations pour moi. De même pour les deux individus, mis à la question : l'un a affirmé, l'autre a nié jusqu'au bout. Eh bien, l'égalité doit favoriser l'accusé plutôt que l'accusateur, puisque dans le calcul des suffrages, l'égalité profite à celui-là plutôt qu'à celui-ci* »[282]. Louis Gernet, dans le prolongement de sa première indication, reconnaît là un « *Principe que la légende faisait remonter à l'institution de l'Aréopage, et qui du reste s'appliquait partout* »[283], mais ajoute tout aussitôt « *L'argument par analogie est curieux : il sent le sophisme ...* »[284]. Nous retrouvons à nouveau cette accusation de sophisme sous la plume de Louis Gernet à l'encontre d'Antiphon alors qu'il s'agit d'un argument sérieux et encore une fois des plus justifiés.

Nous avons indiqué que pour une juridiction moderne, les arguments soulevés par Antiphon seraient de nature à soutenir la relaxe, il n'en va pas de même devant l'Héliée et Antiphon ne peut solliciter pour Euxithéos que l'application du principe d'égalité des preuves pour faire pencher la balance du côté de l'accusé. La raison en est simple. Le compagnon de voyage d'Euxithéos est un étranger, deux qualités qui peuvent jouer contre l'accusé face à un jury d'héliastes, nourri de préventions contre un Mytilénien et d'autant plus, si, comme nous le supposons, l'homme libre était lui aussi un citoyen de la ville de Mytilène. Antiphon sait parfaitement qu'en présence de

---

[281]L. Gernet, *op. cit.*, note 1 sous V, 42.
[282]Antiphon, *op. cit.* V, 51.
[283]L. Gernet, *op. cit.* note 1 sous V, 51.
[284]L. Gernet, *ibid.*

l'aveu de l'esclave soumis à la question, la constance du compagnon de voyage d'Euxithéos n'en resterait pas moins suspecte. Malgré l'évolution des déclarations de l'esclave, qui déclara Euxithéos coupable une fois et l'innocenta deux fois, malgré la contradiction de l'aveu du serviteur avec le témoignage de l'homme libre ainsi qu'avec le contenu du billet, Antiphon savait qu'il ne serait pas écouté s'il osait invoquer la supériorité des preuves en faveur de l'accusé sur les charges de l'accusation. Antiphon s'est donc référé à la procédure que connaissaient les héliastes en cas d'un partage égal des voix qui jouait ordinairement en faveur de la présomption d'innocence. Il n'y a ici aucune astuce ou sophisme, mais une réalité contraignante à laquelle étaient confrontés Antiphon et son client, Euxithéos.

Section IV. Un faux en écriture contradictoire

À ce stade du procès, Euxithéos met en cause le billet découvert sur le vaisseau. Autant le dire tout de suite ce billet prétendument retrouvé par les accusateurs sur le navire pose bien des questions. La première de celles-ci est soulevée d'emblée par Euxithéos, « *Ils disent bien avoir trouvé dans le vaisseau un écrit que j'envoyais à Lycinos, l'informant que j'avais tué Hérode. Mais quel besoin d'envoyer un écrit lorsque le porteur était complice* »[285]. Antiphon qualifie l'esclave de « *porteur* » de l'écrit, car il s'inscrit dans la logique de l'argumentation adverse pour mieux la réfuter. Ayant participé au crime dans la version de l'accusation, ayant été envoyé avec le navire à Mytilène pour informer la famille d'Hérode, il était normal de déduire que l'esclave

[285] Antiphon, *op. cit.*, V, 53.

était le porteur du billet qui avait été retrouvé sur le navire. Cependant à aucun moment, lorsqu'il fut soumis à la torture, l'esclave n'a mentionné l'existence de ce billet ni le nom de son destinataire, Lycinos.

Antiphon précise dans son discours, « *Aussi bien, ce ne fut pas tout de suite, malgré leurs recherches qu'ils trouvèrent l'écrit dans le vaisseau : ce fut assez tard. C'est qu'à ce moment, ils ne s'étaient pas encore avisés de cette manœuvre : mais comme le premier individu, mis à la torture, n'articulait rien contre moi, alors ils introduisent l'écrit dans le vaisseau pour avoir ainsi un fondement à leur accusation* »[286]. Ce passage nous permet de situer le moment où le billet a été lu et par voie de conséquence, les raisons pour lesquelles l'esclave n'a pu faire état de celui-ci lors de son interrogatoire. La lecture du billet, nous ne parlons pas de sa découverte, car celle-ci nous paraît bien incertaine, a eu lieu après la mise à la question du compagnon de voyage d'Euxithéos et de l'esclave. La raison en est simple. Si ce billet avait été lu antérieurement à la mise à la question des deux hommes, les accusateurs n'auraient pas manqué de les interroger à ce titre. Or, dans une telle hypothèse, ces derniers auraient fait des déclarations et le discours d'Antiphon aurait nécessairement fait état de celles-ci ne serait-ce que pour y répondre, ce qui n'est manifestement pas le cas.

C'est la raison pour laquelle Euxithéos peut déclarer « *Lorsque le billet fut lu, il ne concordait pas avec les déclarations du second individu mis à la torture : mais il n'y avait plus moyen de faire disparaître ce qui avait été lu. La vérité, c'est que s'ils avaient pensé persuader du premier coup l'esclave de m'accuser faussement, ils n'auraient pas machiné l'affaire du billet. Appelle-moi les*

---

[286]Antiphon, *op. cit.* V, 55.

témoins à ce sujet »[287]. Ce passage du discours démontre que la découverte de ce billet est des plus suspectes et qu'il pourrait s'agir, comme l'affirme Euxithéos, d'une machination de l'accusation. Nous avons constaté que le libellé du billet ne correspondait pas avec l'aveu enregistré de l'esclave. On peut s'interroger sur la raison pour laquelle les accusateurs n'ont pas fait concorder la teneur du billet avec les déclarations de l'esclave qu'ils avaient enregistré. Le discours nous donne une indication à ce sujet lorsque Euxithéos précise que l'écrit a été introduit dans le vaisseau au moment où les accusateurs constatèrent que l'homme libre, soumis à la question, innocentait Euxithéos et qu'il en était de même pour l'esclave dans sa première déclaration. Afin qu'il n'existe pas de suspicion sur la présence du billet dans le navire, il fallait que sa découverte fut fortuite à la suite d'une nouvelle fouille du navire et en présence de témoins. Les accusateurs qui dans l'intervalle ne disposaient plus du billet n'ont pu modifier celui-ci alors qu'ils enregistraient l'aveu de l'esclave sous la torture ce qui explique la contradiction entre la déclaration de ce dernier et le contenu du billet. Comme nous l'avons vu plus haut il sera facile pour Antiphon de mettre en évidence cette discordance manifeste entre les pièces de l'accusation. Pour les autres questions que suscite ce billet et les soupçons qu'il nourrit nous renvoyons à nos observations formulées lors de l'examen du réquisitoire.

Nous ferons de même pour la partie de nos commentaires relatifs aux liens qui pouvaient unir Euxithéos à Lycinos. À ceci près, que nous souhaitons apporter une précision à ce titre. Si un mobile pourrait résulter de cette relation, nous n'en restons pas moins très réservé sur la réalité de celui-ci. Nous le sommes d'autant

[287]Antiphon, *op. cit.* V, 56.

plus que nous nous interrogeons sur les raisons qui conduisent les parents d'Hérode à ne pas mettre en accusation Lycinos. Si ce dernier est bien le commanditaire du crime, comme le soutiennent les parents d'Hérode, nous ne comprenons pas pourquoi les accusateurs se sont abstenus d'engager des poursuites contre Lycinos. Nous avons vu dans le procès *Sur l'empoisonnement* que le droit pénal athénien poursuivait sous l'incrimination d'instigation les commanditaires d'un meurtre. Les accusateurs ont-ils fait le calcul de faire condamner dans un premier temps Euxithéos, puis de lancer un second procès contre Lycinos. Rien n'est moins sûr. Il était du devoir des parents de poursuivre sans attendre l'auteur du meurtre qu'il fut direct ou indirect. Nous avons vu dans le procès *Sur l'empoisonnement* que le fils de la victime intenta immédiatement l'instance dès qu'il fut en âge de le faire. Dès lors, il est permis de s'interroger sur cette référence à Lycinos, qui avait certainement un contentieux avec Hérode. Le but de cette désignation n'était-il pas de justifier l'existence du billet tout en mettant en cause un adversaire d'Hérode et de la famille ?

À tout le moins, l'absence d'action contre Lycinos révèle la fragilité de la position de l'accusation qui n'est pas à même de mettre en cause directement celui qu'elle prétend être le commanditaire du crime sans compter les incohérences que soulève Euxithéos au niveau du mobile. Le discours d'Antiphon démontre que la différence de fortune entre Lycinos et Euxithéos et leurs liens distendus ne permettaient pas de soutenir que le dernier ait pu être l'agent du premier dans la commission du meurtre[288]. L'absence d'une mise en accusation directe dans le cadre du procès valait également et peut être *a fortiori* pour le

[288]Antiphon, *op. cit.*, V, 57-63.

père d'Euxithéos qui était désigné par le réquisitoire comme un autre commanditaire.

Louis Gernet critique également Euxithéos au motif que ce dernier ne donnerait aucune explication sur les circonstances de la disparition d'Hérode[289]. Louis Gernet écrit, en effet, « *Avec un humour un peu hautain qui est bien dans la manière d'Antiphon, l'accusé esquive un débat qu'il faisait pressentir comme nécessaire et qui paraît l'avoir été en principe* »[290]. Nous ne voyons pas comment l'accusé pourrait donner une explication sur cette disparition dès lors qu'il se déclare innocent des faits dont on l'accuse et que resté sur le navire, il ne pouvait connaître les faits et gestes d'Hérode qui était descendu du navire.

De plus, c'est oublier les suppositions déjà données par Euxithéos : « ... *La vraisemblance naturellement c'est que la chose ait eu lieu près du port, car la victime était ivre, et c'est en pleine nuit qu'elle avait quitté le vaisseau ; elle ne pouvait se conduire elle-même* ... »[291]. Hérode, ivre, est tombé à l'eau, près du port ou dans le port même. Que pouvait ajouter Euxithéos ? Les exemples qui suivent sur la mort d'Ephialtès, le chef du parti démocratique athénien assassiné en 461 av. J.-C. dont les auteurs étaient connus, mais qui n'avaient pas été judiciairement identifiés, ou encore le crime commis par un enfant qui aurait pu rejaillir sur l'entourage de la victime si ce dernier n'avait laissé les traces de son forfait permettant de l'accuser ou également le cas de ces trésoriers injustement inculpés de détournements de fonds et reconnus innocents après leur condamnation et leur

---

[289] Antiphon, *op.cit.*, V, 64-66.
[290] L. Gernet, *op. cit.*, note 1 sous V, 65.
[291] Antiphon, *op. cit.*, V, 26.

exécution démontrent combien il est parfois difficile pour l'accusé de bénéficier de la présomption d'innocence et pour ses juges d'éviter l'erreur judiciaire[292].

À ce stade de son discours, Euxithéos invoque les conséquences d'un assassinat pour son auteur et Louis Gernet rappelle que dans la Grèce antique « *La souillure qui résulte d'un meurtre est contagieuse* »[293]. En effet, le criminel contaminait les lieux où il se trouvait au risque d'entraîner la mort des personnes qui l'entouraient. Il ne pouvait embarquer sur un navire sans que celui-ci ne sombre et n'emporte avec lui toutes les personnes à son bord[294]. Il ne pouvait de même assister à des cérémonies religieuses sans qu'elles fussent empêchées de s'accomplir[295]. Si l'aspect religieux de cette argumentation est important, le raisonnement au plan juridique n'en est pas moins essentiel. C'est à nouveau la présomption d'innocence dont il est question ici. C'est parce qu'il est innocent qu'Euxithéos a pu effectuer d'heureux voyages en navire et assister aux cérémonies religieuses sans qu'aucun signe ne vienne perturber leur bon déroulement. Les témoins qui se succèdent à la barre le confirment. Sous cet aspect religieux, la présomption d'innocence pèse de tout son poids sur les jurés de l'Héliée et s'impose à leur jugement.

Euxithéos conclut par un appel aux jurés pour qu'ils prononcent son acquittement afin que l'affaire soit renvoyée au seul juge véritable et légitime d'une

---

[292]Antiphon, *op.cit.*, V, 68-71 ; cf. également sur la gravité de l'erreur judiciaire et la responsabilité d'un jugement hâtif et surtout sans preuve en matière criminelle V 85, 86 ;V, 89 ; V, 91, 92.

[293]Antiphon, *op. cit.*, note 2 sous V, 81 ; cf. également V, 82-84.

[294]Antiphon, *op. cit.*, V, 82.

[295]Antiphon, *ibid.*

accusation d'assassinat, l'Aéropage[296]. Nous ne connaissons pas l'issue de ce procès et la sentence qui fut prononcée par l'Héliée. Quoi qu'il en soit les arguments du discours d'Antiphon sont contrairement à la présentation qu'en font les commentateurs modernes, non pas le raisonnement d'un sophiste, mais bien celui d'une défense des plus solides. Le déclinatoire de compétence nous apparaît des plus sérieux, les contradictions de l'accusation dans la version des faits et plus grave encore la manipulation caractérisée des preuves à charge, sans compter les mobiles intéressés qui pouvaient pousser les accusateurs à lancer une telle procédure nous conduisent à considérer que le procès entrepris contre Hérode sous la forme sommaire d'une prise de corps n'était aucunement justifié. Malgré les preuves souvent controuvées de l'accusation, la présomption d'innocence n'a pu être renversée. Elle est l'enjeu et le défi que fut appelé à juger l'Héliée dans une affaire qui reste, selon nous, le procès criminel le plus emblématique de l'Antiquité grecque.

[296] Antiphon, *op. cit.*, V, 96.

Troisième partie

Le meurtre d'Eratosthene : crime legal ou guet-apens ?

Le logographe du discours judiciaire *Sur le meurtre d'Eratosthène*, rédigé pour la défense d'Euphilétos, est Lysias, l'un des dix grands orateurs attiques. Issu d'une famille originaire de Syracuse qui s'était établie dans le port du Pirée à l'invitation de Périclès, Lysias naquit à Athènes en 440 av. J.-C.[297] Par son extraction, Lysias était un métèque[298] qui acquit grâce à l'exploitation d'une manufacture d'armes une fortune personnelle considérable. Très attaché à la démocratie, Lysias subit le contrecoup de la réaction oligarchique lors de l'instauration de la tyrannie des Trente après l'effondrement du régime qui suivit la capitulation d'Athènes le 22 avril 404 av. J.-C.[299] Visé par les mesures prises par les Trente à l'encontre des riches métèques de la cité, Lysias vit ses biens confisqués et perdit son frère, Polémarque, condamné à boire la ciguë[300]. Lysias employa les quelques fonds qui lui restaient à financer le

[297]Plutarque, *Œuvres morales*, *Vie des dix orateurs grecs*, Tome IV, trad. Dominique Ricard, Lefèvre, Paris, 1844, p.150, I, 835 c.

[298]Ce terme désigne le statut intermédiaire entre celui de citoyens et d'étranger attribué aux ressortissants de cités grecques venus s'installer à Athènes

[299]Ce gouvernement oligarchique composé de trente membres prit le pouvoir sous l'égide de Critias et instaura pendant moins d'un an un véritable régime de terreur jusqu'en janvier 403 av.J-C., date à laquelle la démocratie fut rétablie.

[300]Lysias, *Discours*, I, XII, XXIV, XXXII, trad. Pierre Chiron, Les Belles Lettres, Paris, 2015, *Contre Eratosthène*, XII, 8-18.

rétablissement de la démocratie à Athènes. Une fois les Trente renversés, et la démocratie restaurée, Lysias reçut en récompense de ses services le droit de cité octroyé par l'un des principaux acteurs du rétablissement du régime démocratique, Thrasybule. Mais à la demande d'Archinos cette mesure fut rapidement rapportée en raison du caractère illégal du décret qui lui avait accordé la citoyenneté. À titre de privilège, Lysias put cependant bénéficier du statut de métèque isotèle qui le dispensait du paiement de l'impôt auquel étaient ordinairement soumis les métèques[301].

Ruiné, Lysias dut recourir à ses talents d'écrivain et entama à un âge avancé une carrière de logographe. Louis Gernet et Marcel Bizos vantent à juste titre « *Les mérites littéraires de Lysias* »[302]. Ils précisent, en effet, qu'« *Il a porté à leur perfection les qualités qu'exigeait le métier de logographe et qui sont un peu celles d'un auteur dramatique : il excelle à dissimuler sa personnalité derrière ses clients d'occasion et à leur composer une physionomie originale et vivante, en rapport avec leur situation et leur âge. Il conte leurs aventures dans des narrations pittoresques, qui ont souvent l'allure d'un drame ou d'une comédie. Il leur prête des arguments souvent habiles, mais presque toujours simples, plus vraisemblables dans leur bouche et plus accessibles à un jury populaire qu'une dialectique savante. Enfin il leur fait parler une langue claire, aisée, naturelle qui est regardée comme le plus pur attique* »[303].

---

[301]Plutarque, *Œuvres morales*, *Vie des dix orateurs grecs*, *op. cit.*,IV, 836 a.
[302]Lysias, *Discours* Tome I (I-XV) trad. Louis Gernet et Marcel Bizos, Les Belles Lettres, Paris, 1943, Introduction p.10
[303]Lysias, *Discours* Tome I, introduction *ibid.*

Ces qualités décrites par Louis Gernet et Michel Bizos se retrouvent tout entières dans le discours judiciaire intitulé *Sur le meurtre d'Eratosthène*. Jamais plaidoyer n'a atteint une vérité aussi criante. En quelques traits, Lysias fait revivre les mœurs, les hommes et les femmes de la société athénienne du IVe siècle av. J.-C. dans le drame qui se noue à la suite d'un adultère commis par Eratosthène avec la femme d'Euphilétos. En tant que chef de l'*oikos*, dont l'espace sacré venait d'être violé par Eratosthène, il appartenait à Euphilétos de faire justice en tant que fondé de pouvoir d'une juridiction domestique qui exigeait la mort de l'impie au nom d'une justice immémoriale. Victime d'une souillure, le chef de famille devait accomplir le devoir sacré de tuer le sacrilège (Chapitre I).

Le crime ici n'est pas nié, il est revendiqué comme un acte non prémédité mais légal d'un mari trompé, qui découvrant chez lui sa femme avec son amant, couchés dans son lit, se fait non pas seulement le bras armé de sa famille mais aussi de la loi. Nous verrons comment l'accusé, Euphilétos, dresse un tableau pathétique et vivant des évènements qui le conduisirent à tuer Eratosthène. Avec une verve sans égale, dans un style travaillé et une simplicité tout apparente, Euphilétos dresse sous le calame de Lysias un véritable réquisitoire contre sa victime.

Mais, l'argumentation juridique ne le cède en rien à la narration des faits. Elle est des plus habiles et se construit sous les auspices des lois qui régissent Athènes en matière d'adultère. Euphilétos développe pour justifier son geste une dialectique subtile entre la loi et la justice qui ne lui aurait laissé d'autre choix que de tuer l'amant de sa femme. Mais cette argumentation n'est pas sans présenter de nombreuses failles. Celles-ci se révèlent progressivement. Loin de l'homme offensé qui a appliqué la peine de mort en tant que chef de l'*oikos* et au nom des lois de la cité, nous avons affaire à un homme froid, calculateur qui a mis au point une machination des plus minutieuses pour tendre un guet-apens dans lequel est tombé Eratosthène (Chapitre II).

Chapitre premier
Un plaidoyer de la défense sous forme de réquisitoire

Le discours de Lysias, présenté comme le premier discours dans le *corpus Lysiacum*, comporte une incertitude sur la date à laquelle ce procès a pu avoir lieu. Les commentateurs le situent à la fin du Ve siècle. Nous considérons cependant que ce procès n'a pu se tenir qu'après 398 av. J.-C. En effet, à cette date, les éphètes n'étaient plus tirés au sort parmi les membres du conseil de l'Aréopage, mais au sein des jurés populaires de l'Héliée. Si le nom d'éphètes est toujours attribué aux membres des juridictions, chargés de juger au cours du IVe siècle des meurtres, ce furent bien des jurés qui furent appelés à connaître du meurtre commis par Euphilétos. Cette composition de la juridiction n'est pas indifférente pour l'accusé qui développera une argumentation adaptée à son auditoire qui pourra s'identifier à Euphilétos. Le meurtre de l'amant d'une épouse, d'une mère, d'une sœur ou d'une concubine, lorsque celle-ci était destinée à donner des enfants au maître de maison, était autorisé par les lois d'Athènes dès lors que l'adultère était surpris en flagrant délit. Mais, si les parents de la victime contestaient les circonstances du meurtre, le procès était porté devant la juridiction compétente à Athènes, le Delphinion. L'enjeu était donc important pour Euphilétos, car dans l'hypothèse où le flagrant délit ne serait pas reconnu, l'accusé se verrait nécessairement apparenté à un criminel et encourrait la peine de mort. (Section I).

Euphilétos s'attache dès lors à développer une défense de rupture originale, peu aperçue par les commentateurs du discours. L'accusé rejette le procès non dans une opposition aux lois d'Athènes, comme c'est ordinairement le cas dans le cadre d'une défense de rupture, mais en leur nom. Euphilétos se prévaut, en effet, d'une antique conception de la justice domestique du maître de maison qui enserrait la répression de l'adultère dans le cadre de l'ordre privé et sacré de la famille (Section II).

Fort, de son bon droit, Euphilétos lance alors une contre-accusation dans le cadre d'une narration des plus vivantes qui a contribué à faire de ce discours judiciaire un véritable chef-d'œuvre littéraire. Euphilétos ne se présente pas comme un accusé, mais bien comme la victime de l'amant de sa femme. Sous le calame de Lysias, l'adultère, Eratosthène, n'était plus la victime, mais l'unique criminel de l'affaire (Section III).

Section I. Le procès pour meurtre d'un adultère au IVe siècle av. J.-C.

Louis Gernet et Marcel Bizos précisent qu'il n'est pas possible d'établir la date à laquelle le procès contre Euphilétos a pu se tenir. Le texte du plaidoyer ne fournirait, selon eux, aucune indication. Ils ajoutent que la fixation du procès après 403 av. J.-C. en se référant au paragraphe 30 du discours serait des plus arbitraires[304]. De son côté, Pierre Chiron considère que la date du procès est indéterminée et que seule, une période correspondant au

[304]Lysias, *Discours* Tome I (I-XV) trad. Louis Gernet et Marcel Bizos, *op. cit*, Notice p.28.

début de la carrière de logographe de Lysias et à la fin de celle-ci permettrait de situer l'affaire entre 403 et 380 av. J.-C.[305]

Nous pensons que ce procès peut être fixé postérieurement à 399 av. J.-C. En effet, à la fin du Ve siècle av. J.-C., Athènes avait entrepris de réunir les anciennes lois en vigueur et d'en assurer la publication. Au nombre de ces textes, les lois de Dracon et de Solon sur la répression de l'adultère citées par Euphilétos à l'appui de son argumentation. Nous ne partageons pas l'opinion de Louis Gernet et de Marcel Bizos lorsque ces derniers déclarent que se fonder sur le paragraphe 30 du discours serait arbitraire. Tout au contraire, cette partie du plaidoyer donne un indice objectif sur la date du procès. En effet, au paragraphe 30 Euphilétos fait la demande suivante : « *Lis –moi aussi cette loi qui vient de la stèle de l'Aéropage* »[306]. Or, précise Marielle de Béchillon « *Ces lois dites anciennes doivent être gravées sur le portique. Nichomacos est l'artisan essentiel de ce travail achevé en 399*[307]. *Entre temps, en 403, on vote un texte selon lequel*

---

[305]Lysias, *Discours*, I, XII, XXIV, XXXII, trad. Pierre Chiron, *op. cit.*,Notice, p.2.

[306]Lysias, *Discours*, I, XII, XXIV, XXXII, *op ; cit.*, I, 30.

[307]Marcel Piérart, *Athènes et ses lois. Discours politiques et pratiques institutionnelles*, Revue des Etudes Anciennes, Volume 89, Numéro 1, Paris, 1987, pp.22-23, « A la fin du Ve siècle, les choses changent en apparence du moins. Au lendemain de la révolution oligarchique de 411, les démocrates entreprennent de codifier les lois. (...) L'un d'eux, Nikomachos, est connu par un procès ultérieur dont on peut lire le discours d'accusation dans le corpus Lysiacum : d'où le nom de *Nikomakhos' law code* donné - à tort - par des épigraphistes américains aux fragments inscrits qui proviennent du Portique Royal (...) C'est dans ces circonstances qu'un décret de 409/408 ordonne aux αναγραφειζde faire graver la loi de Dracon relative aux homicides sur une stèle qu'on érigera devant le Portique Royal. (...) Lors de la restauration démocratique de 403/2, on décida de la

il est interdit à Athènes de juger d'après une loi non écrite»[308]. Dès lors, la date de 403 en tant que *dies a quo* de cette période retenue par Pierre Chiron ainsi que les années suivantes 402, 401, 400 et 399 ne peuvent être prises en compte. Louis Gernet et Marcel Bizos précisent dans le procès *contre Agoratos* que la date de celui-ci s'insère entre 400 et 398 av. J-C.[309]. Un peu plus loin, sous le paragraphe 68 du discours lorsque Lysias précise que la peine de l'adultère est la mort, ces deux auteurs recoupent ce plaidoyer avec le discours *Sur le meurtre d'Eratosthène* qui développe la même argumentation[310]. Il est donc possible de prendre sinon pour date du procès du moins pour *dies a quo* l'année 398 av. J.C.

De plus, l'apostrophe d'Euphilétos à l'égard de ses juges, nous donne également une autre indication sur la date du procès. En effet, le discours de Lysias pour Euphilétos commence par ce terme « *ανδρεζ* » que Pierre

reprendre » ; cf. également Pierre Chiron, *op. cit.,* Commentaire sur I, 30 p.43.

[308]Marielle de Béchillon, *La rhétorique juridique de Lysias dans le plaidoyer Sur le meurtre d'Eratosthène*, in Actes du colloque, *L'art du discours dans l'antiquité : de l'orateur au poète.* Pau, 2 avril 2010, P. Voisin et M. de Béchillon, L'Harmattan collection Kubaba, 2010, p.57 qui se réfère dans une note 40 à Alain Fouchard, *Légiférer en Grèce ancienne, Le législateur et la loi dans l'antiquité, Hommage à F. Ruzé*, Presses universitaires de Caen, 2005, p.17.

[309]Lysias, *Discours* Tome I (I-XV) trad. Louis Gernet et Marcel Bizos, *op. cit*, XIII *Contre Agoratos*, Notice p.186, note 1 « La seule indication formelle que nous ayons sur la date du procès, c'est qu'il est postérieur à celui de Ménestratos, lequel eut lieu « longtemps après le délit. On le place en général entre 400 et 398.

[310]Lysias, *Discours* Tome I (I-XV) trad. Louis Gernet et Marcel Bizos, *op. cit*, XIII *Contre Agoratos*, *op. cit.* note 1 sous le paragraphe 68, « Cette formule qui n'est pas juridiquement exacte, Lysias en a usé olusieurs fois dans le 1er discours, où elle pouvait être spécialement de mise : ne serait-ce pas un indice chronologique ? ».

Chiron traduit par le mot « *Messieurs* »[311], dont le sens littéral est « *Hommes* » ; « *ανδρεζ* » étant le vocatif pluriel du mot « *ανηρ* »[312]. Pierre Chiron fait observer que les termes « *Messieurs* »[313] ou « *Athéniens* »[314] que l'on retrouve à d'autres paragraphes du discours en lieu et place de « *Messieurs les jurés* » démontreraient que la juridiction devant laquelle comparaissait Euphilétos n'était pas composée de *dikastes*, c'est-à-dire de jurés populaires, bien que ce terme soit utilisé dans le paragraphe 1[315], mais de magistrats, les éphètes[316].

A son opposé, Marie-Madeleine Mactoux considère que le terme « *Messieurs* » ne désignerait pas les éphètes en tant que tels[317]. Pour notre collègue, il s'agit bien d'héliastes, c'est-à-dire de jurés populaires, élus qui étaient appelés à siéger dans le procès d'Euphilétos[318]. Marie-Madeleine Mactoux rejoint ici la position de Charles Hignett[319]. Notre collègue ajoute à cette première

---

[311]Lysias, *Discours*, I, XII, XXIV, XXXII, trad. Pierre Chiron, *op. cit.*, I, 1.

[312]A. Bailly, *Dictionnaire Grec Français*, *op. cit.*, pp.159-160, *ανηρ* «litt. celui qui engendre d'où : I mâle, *en parl. De personnes (hommes, enfants)* (…) 1 homme *p.opp.* à femme (…) *au plur.* (…) 2 époux, mari (…) homme fait, *p. opp. à jeune homme* ».

[313]Lysias, *Discours*, *op. cit.*, I, 9,11, 15, 17, 23, 25, 27, 28, 29, 30, 32, 34, 37, 40, 41, 43, 47.

[314]Lysias, *Discours*, *op. cit.*, I, 6, 7.

[315]Lysias, *Discours*, *op. cit.*, I, 1.

[316]Les éphètes étaient les juges des affaires criminelles au nombre de 51 membres ; affaires placées hors de la compétence de l'Aréopage.

[317]Marie-Madeleine Mactoux, *Un témoignage d'esclave* in Mélanges offerts à la mémoire de Roland Fietier, Annales Littéraires de l'Université de Besançon, volume 287, Cahier d'études comtoises, volume 33, 1984, p.461.

[318]M.-M. Mactoux, *op. cit.*, p.467.

[319]Charles Hignett, *A History of the Athenian Constitution to the End of the Fifth Century B.C.*, Oxford, Clarendon Press, 1952, p.306 et s.

analyse que « *Le nom d'éphètes continue à désigner les membres des tribunaux pour meurtre au cours du IVe siècle, alors qu'on a la preuve que le jugement était bien prononcé par les jurés* »[320]. Nous pensons, en effet, que le témoignage de Démosthène dans le *Contre Nééra* rend parfaitement compte de la modification qui est intervenue au IVe siècle av. J.C.[321] Contrairement à Pierre Chiron, nous considérons que le terme en tout début du discours « δικασταξ » (dikastes), nom que l'on donnait habituellement aux héliastes – souvent désignés par l'expression « *andres diskatai* » – donnait l'exacte dénomination des juges devant lesquels comparaissait Euphilétos.

Louis Gernet et Marcel Bizos écrivent eux-mêmes que « *les éphètes furent remplacés par des héliastes ou juges ordinaires, à une date qui n'est pas exactement connue : probablement à la fin du Ve siècle, mais en tout cas avant notre procès* »[322]. Cette indication d'un remplacement des éphètes par les jurés populaires à la fin du Ve siècle rejoint l'analyse de Marie-Madeleine Mactoux. Il nous apparaît incontestable, en effet, que ce changement est intervenu à tout le moins avant 399 av. J.-C. puisqu'il est fait référence dans le discours à la stèle qui affichait les lois et que l'inscription de celles-ci fut achevée cette année même. Le remplacement des éphètes par les héliastes est donc intervenu dès le début du IVe siècle av. J.-C. Il est permis dès lors de considérer que le procès s'est tenu au cours des années postérieures à l'an 399 av. J.-C. et que l'année 398 av. J.-C. pourrait

[320]M.-M. Mactoux, *ibid.*

[321]Démosthène, *Les plaidoyers civils*, trad. Rodolphe Dareste, Plon, Paris, 1875, Tome II, *Contre Nééra*, 10.

[322]Lysias, *Discours* Tome I (I-XV) trad. Louis Gernet et Marcel Bizos, *op. cit*, I *Sur le meurtre d'Eratosthène*, Notice p.28.

constituer le *dies a quo* de la période dans laquelle s'inscrit le procès.

Le procès s'est ouvert devant le Delphinion, l'une des trois juridictions criminelles d'Athènes[323]. Si l'Aréopage était appelé à juger, comme nous l'avons vu, les crimes prémédités qui englobaient l'incendie volontaire, l'empoisonnement et les blessures affligées dans une intention homicide, si le Palladion était compétent en matière d'homicide involontaire lorsqu'un citoyen était la victime ou qu'un meurtre volontaire et involontaire concernait un métèque, un étranger ou un esclave, le Delphinion était compétent sur décision de l'Archonte-Roi. En effet, si, à l'issue de son instruction, l'Archonte-Roi retenait le caractère excusable ou légitime de l'homicide, il procédait au renvoi de l'affaire devant le Delphinion. Ce renvoi pouvait avoir lieu lorsque la victime avait été tuée en flagrant délit de relations adultères avec l'épouse, la mère, la sœur, la fille ou la concubine du meurtrier[324].

En effet, les auteurs d'adultère étaient assimilés à la catégorie juridique des malfaiteurs, les *kakourgoi*. Le délit d'adultère qualifié de « *moicheia* »[325] était identifié par le droit pénal athénien au vol parce que son auteur avait commis un délit dissimulé jugé comme particulièrement infâme[326]. À l'instar des *kakourgoi*, les *moichoi* pouvaient

---

[323]Douglas Maurice MacDowell, *Athenian Homicide law in the age of the orators*, Manchester University Press 1963, p.70 et s.

[324]G. Glotz, *La cité grecque*, La Renaissance du Livre, Paris, 1928, p.275.

[325]Eva Cantarella, *Moicheia. Reconsidering a problem*, *Symposion*, 1990 : *papers on Greek and Hellenistic legal History*, M. Gagarin, Cologne, 1991.

[326]Aristote, *Ethique à Nicomaque*, trad. Jules Tricot, *Textes philosophiques*, Vrin, Paris, 1994, Livre V, 1131 a, 2-9.

être déférés devant les Onze dès lors qu'ils avaient été pris en flagrant délit et qu'ils n'avaient pas été tués par le parent d'une des femmes concernées par l'adultère. Les Onze pouvaient prononcer à leur encontre une peine de mort sous la forme d'un supplice, l'*apotympanismos*. Ce châtiment consistait à enserrer le cou du condamné dans un collier de fer et à maintenir les bras et les jambes dans des crampons eux-mêmes fixés à un poteau. Abandonné en cet état, l'homme coupable connaissait une fin lente et éprouvante[327].

Mais, si l'adultère pris en flagrant délit était passible de la peine de l'*apotympanismos*, il n'en allait plus de même quand les conditions du flagrant délit n'étaient pas réunies. Dans une telle hypothèse, le meurtrier de l'adultère s'il tuait un concitoyen encourait la peine de mort, comme le rappelle Euphilétos lui-même dans son discours[328]. En effet, dès lors que le crime n'était pas déclaré excusable ou légitime par la juridiction saisie, le parent de la femme adultère était identifié à un meurtrier de droit commun et subissait la peine capitale assortie de la confiscation de tous ses biens. Ce dernier pouvait néanmoins échapper à la sanction par une renonciation formelle à ses droits civiques et par un départ pour l'exil ce qui équivalait chez les Grecs à une peine tout aussi lourde que la perte de la vie. L'enjeu du débat qui s'ouvrait était donc de taille pour Euphilétos.

---

[327]E. Cantarella, *Los suplicios capitales en Grecia y Roma, Origenes y funciones de la pena de muerte en la antigüedad clasica*, Akal, Madrid, 1996, p.36.

[328]Lysias, *Discours*, I, XII, XXIV, XXXII, trad. Pierre Chiron, *op. cit.*, I, 50.

Section II. Une répression de l'adultère confinée à l'espace privé de l'*oikos*

C'est au sanctuaire d'Apollon Delphinios en dehors des murs de la ville, à l'est d'Athènes, qu'Euphilétos était appelé à comparaître. Pierre Chiron écrit que si la procédure mise en œuvre par les parents d'Eratosthène est une poursuite privée pour homicide, s'il s'agit formellement d'une procédure de *diké phonou*, le mot « privé » est, selon lui, « *un peu trompeur ici, puisque tout l'effort du plaideur est de montrer l'impact de l'adultère sur la famille et, par là, sur la société entière* »[329]. Si l'interprétation du discours d'Euphilétos a bien pour objet de dénoncer les conséquences de l'adultère sur la famille et la société, il existe cependant une portée de l'exorde qui n'a pas été véritablement prise en considération par les commentateurs du procès. En effet, sous le calame de Lysias, Euphilétos développe dans l'introduction à son discours une forme particulière de « défense de rupture ».

Nous utilisons de nos jours la formule « défense de rupture » pour qualifier la position prise par un accusé qui dénie à la juridiction chargée de connaître de l'affaire toute légitimité pour le juger et qui développe à cet effet une argumentation de nature purement politique. Mais, ici, le sens de la défense de rupture s'infléchit. Elle se présente sous un angle particulièrement original. Si Euphilétos critique la légitimité du procès c'est au nom de la loi elle-même. Euphilétos met en cause le procès parce que comme le montre l'exorde du discours les lois de la cité se sont arrêtées aux frontières de l'*oikos*.

---

[329]Lysias, *Discours*, I, XII, XXIV, XXXII, trad. Pierre Chiron, *op. cit.*, Notice p.2 note 3.

Euphilétos se prévaut d'un droit propre à la sphère privée de l'*oikos*[330]. À la différence des autres subdivisions du plaidoyer où l'accusé se référera aux lois de la cité pour invoquer leur application, la première partie du discours cantonne avec force et au nom de la loi, l'ordre public de la cité aux lisières de l'ordre privé familial. C'est cet aspect qui n'a pas été véritablement étudié et que nous aimerions développer ici.

Marie-Madeleine Mactoux montre qu'Euphilétos dans son plaidoyer s'exprime essentiellement à la première personne ; l'usage du pronom « je » prédomine sur le « vous », c'est-à-dire sur les destinataires du discours, les éphètes du Delphinion[331]. Marie-Madeleine Mactoux précise que « *le locuteur s'institue comme narrateur autorisé, mandaté par le groupe familial* »[332]. Parallèlement, Marie-Madeleine Mactoux met en évidence que le terme « *nomos* » (loi) « *s'il a seize occurrences, est seulement au vingt-huitième rang* » dans le texte. Marie-Madeleine Mactoux ajoute que le terme « *polis* » (cité) « *avec huit occurrences, il était au cinquante-huitième rang* »[333].

Or, en ce début de discours, Euphilétos ne situera aucunement sa défense sur un plan public, mais bien dans un cadre strictement privé. À ce titre, Marie-Madeleine Mactoux écrit que « *Ce n'est pas un citoyen qui demande*

---

[330]L'*oikos* est littéralement la maison et plus largement tous les biens qui s'y rattachent. Mais, l'élément patrimonial de l'*oikos* participe lui-même d'une acception plus fondamentale qui fait de l'*oikos* une unité familiale étendue non seulement aux parents par le sang, mais également aux esclaves et nous le verrons dans une certaine mesure au cercle des amis en liens avec le chef de famille.

[331]M.-M. Mactoux, *Un témoignage d'esclave*, *op. cit.*, p.456.

[332]M.-M. Mactoux, *ibid.*

[333]M.-M. Mactoux, *op. cit.*, p.457.

justice à la cité qui le poursuit, alors qu'il était accrédité par cette même cité pour rendre la justice lui-même. Il est le chef de l'oikia, menacé en tant que tel »[334]. Elle relève à ce titre l'emploi très élevé dans le discours des termes *oikia*, *guné* (femme) et *épitédeios* (l'ami rattaché étroitement au cercle familial) et l'esclave *therapainai* « *la servante qui va au marché et qui vous sert* »[335]. Marie-Madeleine Mactoux explique que « *C'est un moyen de faire reconnaître par l'auditoire la légitimité d'un discours qui traite d'une affaire éminemment personnelle, non parce qu'il s'agit d'un adultère, mais parce que le mari trompé avait une délégation de pouvoir pour exécuter la sentence dans le cadre de la structure familiale* »[336]. Or, c'est au niveau de l'introduction du plaidoyer que cette position prend une acuité toute particulière. Avant qu'Euphilétos ne s'affirme à la fois comme le « *fondé de pouvoir familial* »[337] et le « *fondé de pouvoir civique* »[338] pour exercer la vengeance et appliquer le châtiment, il soutient dès l'exorde que le procès qui lui est intenté est contraire aux lois en vigueur parce que celles-ci respectent la sphère de l'*oikos* et qu'elles reconnaissent l'autonomie de son chef dans le règlement de l'adultère.

L'apostrophe d'Euphilétos ne se réfère donc pas à la loi, mais à la position que devrait adopter chaque juge s'il se trouvait lui-même confronté à cette situation : « *Je paierais cher, Messieurs, pour que vous soyez à mon égard, dans cette affaire, les jurés que vous seriez pour*

---

[334]M.-M. Mactoux, *ibid.*

[335]Lysias, *Discours*, I, XII, XXIV, XXXII, trad. Pierre Chiron, *op. cit.*, I, 16.

[336]M.-M. Mactoux, *ibid.*

[337]M-M. Mactoux, p.457.

[338]M.-M. Mactoux *ibid.*

vous-mêmes s'il vous arrivait ce genre de malheur, car, je le sais bien, si vous adoptiez avec les autres la même attitude que vous avez dans vos propres affaires, il n'en est pas un qui ne s'indignerait de ce qui s'est passé, mais vous seriez unanimes à considérer que les punitions infligées à ceux qui s'adonnent à de telles pratiques sont trop légères »[339]. En effet, les jurés sont aussi des hommes mariés et ils se trouvent également à la tête d'un *oikos*. C'est la raison pour laquelle Euphilétos utilise le mot *Anèr*, qui n'est pas lié, comme nous l'avons vu, à la nature des fonctions et à la composition des membres du Delphinion, mais qui s'adressait à ses juges en tant qu'hommes. Marie-Madeleine Mactoux précise, en effet, que « *Le locuteur s'adresse non au tribunal interpellé (...) mais à la communauté des hommes comme maris. Dans les trois cas où anèr n'a pas les membres du tribunal comme référent, il désigne le mâle ou le mari opposé à la femme ou à l'amant* »[340].

C'est donc en tant que chef d'un *oikos* au nom de l'ordre privé dont ils sont les garants, qu'Euphilétos invite les juges à considérer cette affaire. Il s'agit là d'un principe de justice universel inhérent à la seule autorité du chef de famille. Nous sommes ici au-dessus des lois. Rien ni personne ne saurait y contrevenir, les hommes comme les régimes politiques et cela quelle que soit leur forme. C'est tout le sens de la seconde apostrophe d'Euphilétos à ses juges : « *Et ce n'est pas chez vous seulement qu'on en jugerait ainsi, mais dans toute la Grèce. Car ce délit est le seul pour lequel, tant en démocratie qu'en oligarchie, la même réparation est offerte aux plus modestes comme aux plus puissants, de telle manière que le citoyen du plus bas*

---

[339]Lysias, *Discours*, I, XII, XXIV, XXXII, trad. Pierre Chiron, *op. cit.*, I, 1.

[340]M.-M. Mactoux, *op. cit.*, p.460.

étage soit traité avec le meilleur, tant cet outrage, Messieurs, est considéré universellement comme gravissime[341].

Dès lors, la sanction qui résulte de l'atteinte à l'*oikos* ne peut être que la mort administrée par le chef même de cet espace sacré. L'adultère est un viol de *l'oikos* comme le rappelle Euphilétos à différents moments de son discours[342]. Certains commentateurs considèrent que cette transgression serait essentiellement une atteinte au mariage en tant qu'institution de la filiation et du patrimoine[343]. Mais cette analyse de Stephen Charles Todd nous paraît limiter la sphère de l'*oikos* à des considérations d'ordre purement sociologique. C'est oublier la dimension religieuse que recèle l'*oikos* non seulement parce que les limites de celui-ci sont sacrées, mais également parce qu'une telle atteinte met en cause le sanctuaire familial qu'incarne le ventre de la femme. En effet, ce n'est pas seulement l'héritage qui risque de passer dans des mains étrangères avec l'adultère, mais les cultes familiaux qui se trouveraient remis en cause si l'enfant d'un étranger était appelé à assurer leur célébration. Le viol de l'*oikos* que représente l'adultère est d'abord le viol du culte des ancêtres, le fondement même du foyer[344].

Dès lors, la sanction d'une violation aussi sacrilège ne peut être que la mort. Ce châtiment ne s'inscrit pas dans

---

[341]Lysias, *Discours*, I, XII, XXIV, XXXII, trad. Pierre Chiron, *op. cit.*, I, 2.

[342]Lysias, *Discours*, I, XII, XXIV, XXXII, trad. Pierre Chiron, *op. cit.*, I, 4, 23, 25, 36, 38, 40.

[343]Stephen, Charles Todd, *A commentary on Lysias Speeches 1-11* , Oxford University Press, 2007, pp.46-49.

[344]Véronique Dasen et Marcel Piérart, *Idia Kai Dèmosia*, *Les cadres « privés » et « publics » de la religion grecque antique*, Presses universitaires de Liège, Liège, 2005.

le cadre de la loi, mais dans le champ de l'ordre privé et sacré de l'*oikos*. Aucune autre peine n'est imaginable. C'est toute la portée de la revendication d'Euphilétos à l'égard des juges : « *En ce qui concerne la gravité du châtiment, je considère donc que vous êtes tous du même avis, et que personne ne prend la chose à la légère au point de croire digne du pardon ou de peines légères les responsables d'actions pareilles*[345]. La sanction de l'adultère s'insère dès lors hors des lois athéniennes. C'est la raison pour laquelle Euphilétos invoque la justice, non pas seulement au titre d'une argumentation rhétorique pour jouer d'une confusion de ce concept avec les lois d'Athènes, mais parce qu'il s'agit d'un sacrilège qui touche au principe même d'une justice divine supérieure qui délègue au chef de l'*oikos* et de l'*oikia* le pouvoir de sanctionner le sacrilège de l'adultère.

Nous ne partageons pas entièrement l'analyse de Pierre Chiron sur les paragraphes 1 à 3 du discours qui insiste sur le « *flou* » entretenu par l'accusé pour substituer « *à l'argument du légal (...) l'argument du juste* »[346]. Si nous n'excluons pas cet aspect particulier de l'argumentation du plaidoyer d'Euphilétos, nous considérons qu'il existe dans cette partie de l'exorde une autre dimension qui ne ressort pas de l'habileté, mais de la réalité sociologique et surtout religieuse. Sur ce fondement l'accusé peut dénoncer une atteinte sacrilège à l'*oikos* et justifier une sanction qui relève d'un principe supérieur aux lois positives, la justice de nature divine. Nous estimons, en conséquence, qu'Euphilétos ne cherche pas seulement à se draper dans un « *èthos de dignité*

---

[345]Lysias, *Discours*, I, XII, XXIV, XXXII, trad. Pierre Chiron, *op. cit.*, I, 3.
[346]Lysias, *Discours*, I, XII, XXIV, XXXII, trad. Pierre Chiron, *op. cit.*, Commentaire p.29.

conservatrice »[347]. En réalité, plus qu'un simple moyen rhétorique par lequel ce dernier chercherait à transmettre une image de dignité outragée, Euphilétos invoque l'archaïque conception de la justice qui imposait au maître de l'*oikos* et de l'*oikia* le devoir d'en défendre l'intégrité. C'est pourquoi, contrairement à la tradition du discours judiciaire, il n'existe pas de *captio benevolentiae* dans l'exorde, mais une violence, une indignation dirigée contre un procès dont l'objet est de mettre en cause un devoir sacré qui a conduit au châtiment du sacrilège.

Section III. La contre-accusation d'un meurtrier

Le ton de la narration contraste avec celui de l'exorde. Loin de la solennité, de la colère et de l'indignation du début du discours, le récit des faits manifeste une véritable convivialité pour ne pas dire une complicité à l'égard des juges. Euphilétos entreprend une longue relation qui représente près du quart du discours (§§6 à 26). C'est sous les traits d'un homme simple et comblé qu'Euphilétos se dessine lui-même lorsqu'il rappelle son mariage heureux et la venue de son enfant. La spontanéité du locuteur se révèle des plus touchantes et ne peut que trouver un écho ému et favorable auprès de ses juges qui sont eux aussi des pères de familles[348]. « *Quand j'eus décidé, Athéniens, de me marier, et que j'eus fait entrer ma femme dans ma maison, je m'arrangeai d'abord*

[347]Lysias, *Discours*, I, XII, XXIV, XXXII, trad. Pierre Chiron, *op. cit.*, Commentaire p.28.

[348]Les éphètes devaient être âgés de trente ans au moins pour exercer cette fonction. Ils étaient donc eux-mêmes mariés et avaient éprouvé la joie ressentie par l'accusé lors de la naissance de son premier enfant qui à la fois assurait la continuité de la famille et faisait naître le sentiment plus humain de la paternité.

– sans l'ennuyer – pour ne pas lui laisser la bride trop lâche. Je la surveillais, autant que possible, et je prenais garde, comme de bien entendu. Mais quand me vint un bébé, à partir de ce moment-là je fis confiance à ma femme, et lui livrai toutes mes affaires considérant que c'était là le plus fort des liens[349]. Puis, Euphilétos donne une description de son cadre de vie, un intérieur ordonné sous son autorité bienveillante : « *j'ai une petite maison sur deux niveaux, de même surface en haut et en bas, pour l'appartement des femmes comme pour celui des hommes. Quand nous vint le bébé, sa mère l'allaita. Pour éviter, quand il fallait donner le bain, qu'elle risque de tomber en descendant l'escalier, je m'installai en haut, et les femmes en bas. L'habitude était prise, désormais, si bien que, souvent, ma femme descendait dormir auprès du bébé, pour lui donner le sein et qu'il ne crie pas* »[350].

Cette partie du discours est intéressante à plus d'un titre. Tout d'abord parce qu'elle nous dresse un tableau vivant de la société athénienne et ensuite parce que cette présentation des faits permet une nouvelle fois à l'accusé de se rapprocher des juges, qui, comme lui, appartenaient pour la plupart à la classe moyenne. Euphilétos possède non seulement une maison en ville, mais un petit domaine qu'il exploite à la campagne comme le faisaient de nombreux athéniens appartenant à la même catégorie sociale[351].

---

[349]Lysias, *Discours*, I, XII, XXIV, XXXII, trad. Pierre Chiron, *op. cit.*, I, 6.
[350]Lysias, *Discours*, I, XII, XXIV, XXXII, trad. Pierre Chiron, *op. cit.*, I, 9-10.
[351]Lysias, *Discours*, I, XII, XXIV, XXXII, trad. Pierre Chiron, *op. cit.*, I, 11.

En effet, depuis le règne du tyran Pisistrate qui avait entrepris une vaste réforme en faveur du développement des campagnes et de la ville, une classe moyenne s'était constituée qui n'avait cessé de croître et qui devait devenir le fondement sociologique sur lequel s'appuiera le régime démocratique[352]. La classe moyenne constituée par des petits propriétaires, comme l'était Euphilétos, vivait selon un mode de vie uniforme. Animés par l'esprit d'égalité, les éphètes pouvaient retrouver chez Euphilétos, l'un des leurs. La narration contribuait à exacerber ce sentiment d'appartenance et la faveur des juges.

À ce moment du récit, Euphilétos évoque le rôle que sa femme avait joué dans la survenance des évènements. Nous avons déjà vu combien les femmes étaient soumises, à un statut inférieur et notamment en matière judiciaire. Mais, en l'occurrence, le discours d'Euphilétos nous offre une vision toute différente qui, certes, fait apparaître une nouvelle fois ce statut d'une femme dont on exigeait une stricte fidélité dans le rôle essentiel qui lui était imparti, donner naissance à des héritiers afin que ceux-ci recueillent le patrimoine familial et le culte des ancêtres. Mais, sous le calame de Lysias c'est aussi une autre image de la femme qui nous est donnée, celle d'une épouse qui dispose au sein de l'*oikia* d'une faculté d'action que ne laisse pas soupçonner son statut officiel. Jouant sur ces deux aspects, Euphilétos accentue la bienveillance des juges à son égard qui connaissent eux-mêmes dans leur vie personnelle cette relation entre mari et femme.

Tour à tour, Euphilétos évoque la maîtresse de maison vertueuse, « *la meilleure des épouses : ménagère*

---

[352]Pisistrate, tyran d'Athènes dont le règne recouvre les années 561 à 527 av. J.-C. en y incluant les deux périodes d'alternance où ce dernier fut chassé du pouvoir.

habile et économe, bonne et administrant toute chose avec soin »[353], mais aussi la femme rouée qui se joue de la naïveté de son mari comme dans cet épisode où revenant à l'improviste alors que l'amant était présent chez lui, elle l'enferme comme par jeu dans le gynécée et poursuit sa relation adultère pendant que son conjoint, fatigué par le travail des champs, s'endort sans se douter qu'Eratosthène se trouvait dans sa maison[354]. Mais, malgré ce portrait d'une femme habile et audacieuse, le discours n'impute pas les faits de l'adultère à celle-ci. La représentation officielle qui est donnée de la femme s'y oppose. En effet, celle-ci ne peut pas être une protagoniste des évènements. L'épouse d'Euphilétos n'est qu'un simple instrument entre les mains de l'amant, qui l'a séduite. Elle ne dispose d'aucune autonomie réelle[355]. Elle n'est qu'une mineure qui ne peut être que la victime de l'action corruptrice de l'amant. Cette passivité de la femme au plan social et dans sa relation adultère rejoint son exclusion de l'enceinte judiciaire. Le débat devant le Delphinion ne met en présence que le mari et l'amant.

Mais, l'épouse d'Euphilétos n'est pas la seule femme évoquée par le discours. Le rôle de la servante est lui aussi mis en lumière sous le jour non pas seulement de son statut d'esclave, mais aussi de femme. Elle se révèle la complice active de l'épouse d'Euphilétos. C'est elle qui fait pleurer le bébé lorsque Euphilétos revint à l'improviste chez lui alors qu'Eratosthène se trouve en compagnie de l'épouse pour prévenir les amants du retour

---

[353]Lysias, *Discours*, I, XII, XXIV, XXXII, trad. Pierre Chiron, *op. cit.*, I, 7.
[354]Lysias, *Discours*, I, XII, XXIV, XXXII, trad. Pierre Chiron, *op. cit.*, I, 11, 12, 13.
[355]Lysias, *Discours*, I, XII, XXIV, XXXII, trad. Pierre Chiron, *op. cit.*, I, 8, 16.

du mari[356]. Mais, cette duplicité de la servante peut être retournée par le mari en sa faveur. Ainsi lorsque Euphilétos apprendra l'adultère, il fera avouer l'esclave et conduira celle-ci à trahir sa maîtresse pour l'informer de la venue de l'amant[357].

Cependant, si la femme est présentée comme une matière malléable jusqu'à réduire celle-ci au rang d'un simple instrument entre les mains du mari ou du maître de maison, il existe aussi dans le discours un autre aspect de la femme qui montre que cette conception avait une limite dans sa réalité sociologique. Euphilétos rappelle le rôle d'une entremetteuse, qui révèle à ce dernier son infortune matrimoniale. Elle intervient au nom de l'ancienne maîtresse d'Eratosthène qui est jalouse de cette nouvelle relation. Ne souhaitant pas subir les conséquences de cette révélation, la maîtresse délaissée utilise les services d'une entremetteuse[358]. Ajoutons à cette liste, la mère de l'amant qui se fait elle-même la complice de son fils pour conduire l'épouse d'Euphilétos à la fête des Thesmophories[359] afin de faciliter leur rencontre[360].

C'est donc sous le jour d'un homme victime de la rouerie féminine que se présente Euphilétos. La portée de cette partie de la narration avait bien pour objet d'établir

---

[356]Lysias, *Discours*, I, XII, XXIV, XXXII, trad. Pierre Chiron, *op. cit.*, I, 11.

[357]Lysias, *Discours*, I, XII, XXIV, XXXII, trad. Pierre Chiron, *ibid.*

[358]Lysias, *Discours*, I, XII, XXIV, XXXII, trad. Pierre Chiron, *op. cit.*, I, 15, 16.

[359]Les Thesmophories étaient des cérémonies religieuses pour célébrer Déméter. Ces cérémonies étaient exclusivement ouvertes aux femmes mariées et pouvaient faciliter à l'occasion les rencontres adultères comme le montre l'intercession de la mère d'Eratosthène.

[360]Lysias, *Discours*, I, XII, XXIV, XXXII, trad. Pierre Chiron, *op. cit.*, I, 20.

une véritable intelligence entre l'accusé et son auditoire, un public exclusivement masculin. Pour gagner un peu plus ceux-ci à sa cause, Euphilétos qui s'est jusqu'alors présenté comme un homme simple, un peu naïf va progressivement construire son récit en se présentant à la fois sous l'angle d'un acteur des évènements et d'un narrateur autorisé des faits. Pierre Chiron rend parfaitement compte de la méthode adoptée par Lysias lorsqu'il compare celle-ci aux procédés cinématographiques « *où le spectateur connaît la solution de l'enquête à laquelle il assiste* »[361]. Au moment même où Euphilétos, personnage de la narration, vit l'action, le locuteur Euphilétos précise la manière dont il prit conscience de la réalité des évènements qui s'étaient présentés à lui sous la forme « *de pré-soupçons subconscients* »[362]. Ainsi, parvient-il à rétablir le sens du fil des évènements notamment lorsque sa femme l'enferma dans sa chambre pour ne le libérer que le lendemain et qu'interrogé sur les bruits de portes entendus pendant la nuit, elle avait allégué qu'il lui avait fallu se rendre chez les voisins pour rallumer la lampe de chevet du bébé. Le visage fardé de son épouse dès le lever et alors que cette dernière devait observer le deuil de son frère prenait lui aussi tout son sens *a posteriori*[363].

Euphilétos apparaît à travers ces différentes scènes comme l'unique victime de l'affaire et la mort d'Eratosthène s'inscrit dès lors comme la suite naturelle de ces évènements antérieurs qui font de l'auteur de l'adultère le seul et véritable criminel de l'affaire. Après

[361]Lysias, *Discours*, I, XII, XXIV, XXXII, trad. Pierre Chiron, *op. cit.*, Commentaire sur V, 11, p.34.
[362]Lysias, *Discours*, I, XII, XXIV, XXXII, trad. Pierre Chiron, *ibid.*
[363]Lysias, *Discours*, I, XII, XXIV, XXXII, trad. Pierre Chiron, *op. cit.*, I, 14, 17.

avoir fait parler la servante comme l'avait invité à le faire l'entremetteuse, Euphilétos fait la déclaration suivante à cette dernière : « *Je veux que tu me montres la chose sur le fait. Car les mots, je m'en moque, c'est l'acte dont je voir de mes yeux s'il se passe bien ainsi. Elle convint de s'exécuter* »[364]. Plusieurs jours après, cet accord, l'occasion attendue survint. C'est du moins la manière dont Euphilétos s'efforce de présenter les faits. L'accusé décrit avec force détails les conditions propices qui l'avaient conduit à constater l'adultère et à exécuter l'amant de sa femme. Le mot « exécuter » est bien le sens qu'Euphilétos veut donner à son acte. Toute la narration a dès lors pour objet de démontrer que l'acte n'était pas prémédité, qu'il s'était imposé comme la sanction naturelle du délit.

Euphilétos démontre que la journée du meurtre s'était déroulée sans incident notable. La rencontre d'un ami rentré des champs qu'Euphilétos invite à dîner, le départ de ce même ami quelque temps plus tard, son assoupissement, le réveil brutal par la servante qui annonce l'arrivée inopinée de l'amant, son départ précipité de la maison pour courir le voisinage afin d'ameuter des témoins, l'arrivée dans la chambre et la découverte de l'amant nu aux côtés de sa femme[365] et enfin la mort affligée à Eratosthène dans les conditions que décrit froidement Euphilétos : « *Moi, Messieurs, je le frappe, je le jette à terre et, après lui avoir ramené les mains derrière le dos et les avoir liées, je lui demande pour quelle raison il m'outrage en entrant dans ma maison. Lui, il reconnaissait ses torts, me suppliait, me priait de ne*

[364]Lysias, *Discours*, I, XII, XXIV, XXXII, trad. Pierre Chiron, *op. cit.*, I, 21.

[365]Lysias, *Discours*, I, XII, XXIV, XXXII, trad. Pierre Chiron, *op. cit.*, I, 22, 23, 24, 25, 26.

pas le tuer mais d'accepter de l'argent en réparation. Mais moi je lui dis : "Ce n'est pas moi qui vais te tuer, mais la loi de la cité : en la transgressant, tu l'as mise au-dessous de tes plaisirs, toi qui a préféré perpétrer une faute aussi grave envers ma femme et envers mes enfants, plutôt que d'obéir aux lois et de vivre dans la décence". »[366]

Dès lors, la mort d'Eratosthène est d'autant plus justifiée que nous avons affaire non pas à une victime, mais à un délinquant qui est l'auteur de plusieurs infractions du même type si l'on s'en tient aux déclarations de l'entremetteuse : « *C'est, ajouta-t-elle, Eratosthène d'Oé qui agit ainsi. Il n'a pas séduit seulement ta femme, mais beaucoup d'autres. Il en fait un art* »[367]. Ce délinquant d'habitude n'avait donc reçu que le juste prix de ses transgressions. Euphilétos avait appliqué une sanction légitime non pas seulement pour lui-même, mais pour tous ceux qui furent la victime d'Eratosthène. Mais, si Eratosthène avait fait justice, c'était non seulement en tant que chef de l'*oikos* et de l'*oikia*, mais également au nom des lois de la cité. C'est le sens de la formule qu'utilise Euphilétos lorsqu'il s'adresse à Eratosthène avant de le tuer comme le ferait un juge qui prononcerait une sentence capitale.

---

[366]Lysias, *Discours*, I, XII, XXIV, XXXII, trad. Pierre Chiron, *op. cit.*, I, 26.
[367]Lysias, *Discours*, I, XII, XXIV, XXXII, trad. Pierre Chiron, *op. cit.*, I, 16.

Chapitre II

L'ombre du doute sur l'innocence de l'accusé

Euphilétos revendique son acte. Oui, il a tué Eratosthène alors que ce dernier le suppliait de lui laisser la vie sauve. Non, il ne s'agit pas d'un crime, mais bien d'une exécution voulue par les lois. L'accusé n'a fait que se conformer à l'ordre de la loi, celle de Solon, mais aussi au commandement formel de la loi de Dracon. Le bras armé du *nomos* ne peut être coupable d'une sentence capitale que les magistrats d'Athènes n'auraient pas eux-mêmes manqué d'appliquer (Section I)

Avec un art consommé, Lysias s'emploie à démontrer ensuite qu'il n'existerait aucune autre explication à son acte sinon punir l'adultère en flagrant délit. Aucun mobile, aucune préméditation n'aurait présidé à la sanction légitime qu'Euphilétos fut contraint d'appliquer et qui a conduit au meurtre d'Eratosthène. La loi athénienne lui commandait de le tuer. Ce fut son seul mobile (Section II).

Mais, les quelques réfutations, qui émaillent le plaidoyer d'Euphilétos, font apparaître les faiblesses de son argumentation. Plus que des points « douteux »[368], le discours *Sur le meurtre d'Eratosthène* laisse échapper des indications précieuses qui démontrent que les conditions du flagrant délit d'adultère n'étaient pas réunies et que le crime était bien prémédité. Loin du meurtre légitime

---

[368]Lysias, *Discours*, I, XII, XXIV, XXXII, trad. Pierre Chiron, *op. cit.*, Commentaire p.50

commis spontanément sous l'effet de la flagrance auquel semblent aujourd'hui adhérer nos collègues, nous nous proposons de démontrer que la mort d'Eratosthène était un assassinat mûri et préparé de longue date (Section III).

Section I. Un crime commis au nom des lois

Euphilétos invoque à l'appui de sa défense avoir agi « *kata tous nomous* »[369], c'est-à-dire conformément aux lois. L'emploi du terme « *nomos* » n'est pas indifférent. Marielle de Béchillon rappelle qu'Euphilétos utilise cette qualification à dix-neuf reprises et précise que ce terme est formulé au singulier pour neuf occurrences et au pluriel à dix reprises[370]. Marielle de Béchillon fait également observer que le terme « *psephisma* » (décret) n'est à aucun moment cité dans le cadre du discours[371]. Euphilétos se réfère en conséquence à la loi dont Mogens Hansen définit le champ d'application par rapport au décret : une « *Réglementation à valeur générale supposée être valide sans limite de temps, qui était au IV*^e *siècle votée par les Nomothètes*[372]. *S'oppose au Pséphisma, réglementation décidée par l'Assemblée, faite pour s'appliquer à des cas*

---

[369]Lysias, *Discours*, I, XII, XXIV, XXXII, trad. Pierre Chiron, *op. cit.*, I, 4.

[370]M. de Béchillon, *op. cit.*, p.54, note 18 ; cf. Lysias, *Discours*, I, XII, XXIV, XXXII, trad. Pierre Chiron, *op. cit.*, pour le singulier I, 26, 28, 29, 30, 31, 32, 33 et pour le pluriel I, 4, 26, 27, 34, 35, 36, 48, 49, 50.

[371]M. de Béchillon, *ibid.*

[372]M. Piérart, *op. cit.*, p.24, « Les nomothètes de 403/2 sont une magistrature d'exception. Les Athéniens vont cependant, vers la même époque, créer des institutions chargées des lois : tandis que les *psephismata* continuent à être votés par le conseil et l'assemblée, les *nomoi* le sont par un collège de nomothètes qui n'agit qu'à la demande des corps délibératifs, mais dont les décisions sont prises souverainement ».

spécifiques et/ou pour une durée limitée. La distinction entre Nomos et Pséphisma fut introduite en 403/2, en liaison avec la recodification des lois de Dracon et de Solon »[373]. C'est précisément ces lois que vise Euphilétos dans son discours et nous avons vu que cette « *recodification* » avait conduit à l'inscription des lois de Dracon et de Solon sur la stèle. Or, Marcel Piérart précise que « *les réformes de 403/2 témoignent de la conquête par la pensée juridique grecque de l'une des notions-clés de notre droit constitutionnel, la hiérarchie des normes juridiques, et, par suite, la mise en œuvre de procédures destinées à assurer le contrôle de la légalité des décisions de l'assemblée du peuple et du conseil* »[374]. Lorsque Lysias invoque les *nomoi* de Dracon et de Solon, il vise des lois supérieures par rapport aux simples décrets. Les dispositions des *nomoi* s'imposent aux juges dès lors que leurs conditions se trouvent réunies.

La majorité des commentateurs précisent que la loi de Solon serait la première des lois à laquelle se référerait Euphilétos dans son discours et qui est visée avant le paragraphe 29[375]. Cependant rien ne permet d'indiquer qu'il s'agit de la loi de Solon. En effet, le texte ne nous est pas restitué par le discours qui se limite à la simple indication qu'une lecture de celui-ci a été donnée. Euphilétos déclare à ce sujet : « *j'ai considéré que la loi de la cité devait l'emporter, et j'ai tiré de lui le châtiment que vous avez fixé, en le considérant comme le plus juste contre ceux qui ont un pareil comportement* »[376].

---

[373]M. H. Hansen, *op. cit.*, glossaire Nomos p.443.
[374]M. Piérart, *op. cit.*, p.24.
[375]Lysias, *Discours* Tome I (I-XV) trad. Louis Gernet et Marcel Bizos, *op. cit*, I *Sur le meurtre d'Eratosthène*, Notice, p.25 ; M. de Béchillon, *op. cit.*, p.54 ; S.C. Todd, *op. cit.*, pp.124-125.
[376]Lysias, *Discours*, I, XII, XXIV, XXXII, trad. Pierre Chiron, *op. cit.*, I, 29.

Nous avons déjà rencontré la loi de Solon. Il s'agit du texte sur les *kakourgoi* qui permettait à tout citoyen, comme nous l'avons vu, de se saisir de la personne d'un malfaiteur pris en flagrant délit. Cependant, cette loi ne lui donnait aucunement le droit de le tuer. Le malfaiteur devait être conduit devant la juridiction des Onze qui, seule, pouvait prononcer la sentence capitale et exclusivement dans le cas où le malfaiteur avouerait l'infraction[377]. À défaut, les Onze étaient tenus de renvoyer l'affaire devant la juridiction compétente pour être jugée. Dès lors, il est permis de s'interroger sur la raison qui avait conduit Euphilétos à se référer à cette loi puisque celle-ci ne prévoyait pas la possibilité pour le citoyen qui se saisissait de la personne du malfaiteur de le tuer ; droit qui n'appartenait qu'à la collégialité des Onze et seulement en cas d'aveu.

Euphilétos agit ici comme s'il pouvait se substituer à la collégialité des Onze et prononcer à la place des magistrats une sentence qui était de toute façon inéluctable. Nous avons vu que le délit d'adultère était identifié au vol parce que son auteur avait commis un délit dissimulé[378]. De plus, Eratosthène aurait avoué son forfait si l'on se rapporte aux témoignages des amis et voisins d'Euphilétos lorsque l'auteur de l'adultère fut surpris aux côtés de l'épouse dans la maison. Pour Euphilétos, les conditions, qui permettaient à la juridiction des Onze de mettre à mort sans procès le *kakourgoi* auquel était identifié l'adultère, semblaient réunies en l'occurrence

[377]Aristote, *Constitution d'Athènes*, *op. cit.*, 52. 1 ; M.H. Hansen, *op. cit.*, p.225.
[378]*Supra* p.137.

puisqu'il y avait un aveu[379] et un flagrant délit[380]. Si les Onze avaient été saisis, ils n'auraient eu d'autre choix que d'appliquer immédiatement la sentence capitale.

Existait-il alors la faculté reconnue au parent masculin qui surprenait l'adultère de le mettre à mort directement dès lors que ces deux conditions étaient à la fois réunies et démontrées ? Il s'agirait d'une application de la loi qui dérogerait au texte lui-même, car son libellé ne permettait pas de lui donner l'interprétation que retient Euphilétos. Cependant, il existe souvent une marge entre le texte et l'application qui est faite de celui-ci. Dès lors que l'aveu et le flagrant délit pouvaient faire l'objet d'une démonstration par des preuves suffisantes, l'usage devait permettre au mari, au père, au frère ou au fils de la femme adultère de se substituer à la collégialité des Onze pour appliquer la sentence. On comprend mieux dans ces conditions, l'argumentation qui a conduit Euphilétos à soutenir contre le texte lui-même qu'il n'avait fait qu'appliquer ce que la loi ordonnait[381]. En effet, les Onze en présence d'un aveu et d'un flagrant délit auraient appliqué la sentence capitale, il ne pouvait qu'en être de même pour Euphilétos qui ne faisait que se conformer, dans ces conditions, à l'ordre de la loi. Si nous retenons cette interprétation, Euphilétos était tout à fait justifié à invoquer la loi de Solon pour fondement légal de son acte. Dans ces conditions, contrairement à Pierre Chiron nous

[379]Lysias, *Discours*, I, XII, XXIV, XXXII, trad. Pierre Chiron, *op. cit.*, I, 25, « Lui, il reconnaissait ses torts … » ; 29, « Il ne contestait pas son crime, Messieurs, il l'admettait … ».
[380]Lysias, *Discours*, I, XII, XXIV, XXXII, trad. Pierre Chiron, *op. cit.*, I, 24, « Nous poussons la porte de la chambre. Les premiers parmi nous à entrer, nous l'avons encore vu couché à côté de ma femme, ceux qui entrèrent ensuite l'ont vu nu, debout sur le lit ».
[381]Lysias, *Discours*, I, XII, XXIV, XXXII, trad. Pierre Chiron, *op. cit.*, I, 26, 27, 29.

considérons qu'Euphilétos pouvait tenter de soutenir que son action coïncidait « *avec non pas une mais la procédure légale* »[382].

Louis Gernet et Marcel Bizos remarquent qu'Euphilétos fait un commentaire rapide de la loi de Solon, parce qu'elle établirait moins « *nettement son bon droit* »[383]. En effet, l'argumentation est beaucoup plus succincte sur ce texte. Mais, pour Euphilétos, le caractère plus elliptique de la démonstration tient à une autre raison. Ce dernier considère qu'il s'est conformé à la loi dans la mesure où il a fait la preuve de l'aveu et du flagrant délit et qu'il n'y avait rien d'autre à ajouter.

L'accusé invoque également la loi de Dracon dont la teneur est plus spécifique et plus précise. En effet, la loi de Solon, qui ne concernait que les malfaiteurs, ne fut applicable aux auteurs d'adultère qu'en vertu d'un élargissement du texte qui s'est étendu de la première catégorie de délinquants à la seconde. À l'inverse, le texte de Dracon réprime directement l'adultère et décrit les conditions de son application. Nous avons conservé le libellé de ce texte qui est le suivant dans la version que nous rapporte Démosthène : « *Si quelqu'un donne la mort, involontairement dans les jeux, ou sur une route en forçant le passage, ou par mégarde dans un combat, ou bien encore s'il trouve un homme en flagrant délit avec son épouse, ou sa mère ou sa sœur, ou sa fille, ou avec une femme qu'il a prise pour procréer des enfants libres, et qu'il le tue, il ne pourra être poursuivi comme meurtrier*

[382]Lysias, *Discours*, I, XII, XXIV, XXXII, traduction Pierre Chiron, *op. cit.*, Commentaire sur I, 29, p.43.
[383]Lysias, *Discours* Tome I (I-XV) traduction Louis Gernet et Marcel Bizos, *op. cit*, I *Sur le meurtre d'Eratosthène*, Notice, p.25.

pour ce fait »[384]. Il est vrai comme le rappellent Louis Gernet, Marcel Bizos[385] et Pierre Chiron, qui se fondent sur le texte même du discours, que la loi de Dracon pouvait apparaître comme une législation archaïque, qui dans son application, connaissait une sanction différente que la mise à mort de l'adultère. Pierre Chiron précise à ce titre que « *l'usage voulait plutôt que le mari trompé demandât des indemnités (c'est d'ailleurs ce que propose le jeune homme avant d'être tué, §25, 29) ou trouvât réparation dans un certain nombre d'humiliations inspirées de la loi du talion, infligées au coupable* »[386].

Si, en effet, l'offre de dédommagement faite par Eratosthène à Euphilétos démontrerait qu'il existerait une pratique différente du texte et que les mœurs avaient évolué vers un adoucissement de la sanction sous la forme d'une compensation, il n'en restait pas moins vrai que la « *recodification* » faite en 403 av. J.-C. avait repris le libellé qui nous est rapporté par Démosthène ce qui implique que cet usage adouci du texte n'était pas unanimement reçu dans la population. De plus, le texte n'est pas libellé de telle manière qu'il puisse ici être conçu autrement qu'un ordre de la loi. Pierre Chiron écrit que l'emploi du verbe « ordonner » par Euphilétos « *est tendancieux, car les lois telles que nous les avons dispensent le meurtrier de poursuites (Démosthène, Contre Aristocrate, 53) ou concèdent le droit de tuer (Plutarque, Solon, 23, 1), mais elles n'ordonnent pas de*

[384]Démosthène, *Les plaidoyers politiques*, trad. Rodolphe Dareste, Plon, Paris, 1879, I, 53.
[385]Lysias, *Discours* Tome I (I-XV) trad. Louis Gernet et Marcel Bizos, *op. cit*, I *Sur le meurtre d'Eratosthène*, Notice, pp.25-26.
[386]Lysias, *Discours*, I, XII, XXIV, XXXII, trad. Pierre Chiron, *op. cit.*, Notice, p.3.

tuer »[387]. Si le texte n'exprime pas une injonction formelle, c'est tout d'abord parce que nous nous trouvons en présence de l'énoncé d'une éventualité : un parent qui se trouverait confronté à un adultère. Ensuite, nous constatons qu'il ne s'agit pas d'une excuse légale de provocation[388], ni d'une excuse absolutoire[389] puisque la poursuite est directement exclue par le texte et que par conséquent aucune peine n'est prononcée. Dans ces conditions, l'auteur ne relève pas de la loi pénale. Comme nous l'avons indiqué plus haut, la loi s'arrête aux frontières de l'*oikos* et de l'*oikia* parce qu'elle enferme la répression de l'adultère dans un cadre privé qui, compte tenu de la gravité de la transgression commise, n'appelle qu'une sanction, la mort de l'adultère. Dans la démonstration d'Euphilétos, la loi délègue la sanction au maître de maison.

Marie-Madeleine Mactoux partage cette analyse et précise à ce titre que pour Euphilétos le meurtre d'Eratosthène est « *conforme à l'ordre naturel, expression directe du droit de propriété. Ce droit s'exerce aussi bien sur l'esclave que sur les femmes de l'oikia, épouse, mère, sœur, fille et même concubine lorsqu'elle a donné au maître des enfants libres. Le meurtre de leurs amants est légitime et c'est seulement quand un adversaire conteste les circonstances, comme ici la parenté d'Eratosthène, que le procès est porté devant le Delphinion* »[390]. Marie-

---

[387]Lysias, *Discours*, I, XII, XXIV, XXXII, trad. Pierre Chiron, *op. cit.*, Commentaire sur I, 27, p.42.

[388]Une excuse légale de provocation est une circonstance prévue par le législateur qui permet aux juges saisis de l'affaire de prononcer une réduction de peine.

[389]Une excuse absolutoire est une circonstance prévue par le législateur qui permet aux juges saisis de l'affaire de prononcer une dispense de peine.

[390]M.-M. Mactoux, *op. cit.*, p.467.

Madeleine Mactoux rappelle également qu'Euphilétos agit au nom d'un ordre naturel qui est aussi un ordre religieux[391].

Cette argumentation est renforcée par la référence que fait l'accusé à une troisième loi sur le viol pour expliquer pourquoi le viol n'est puni que d'une peine d'amende double tandis que l'adultère est sanctionné par la mort. La raison tient au délit dissimulé et à ses conséquences des plus graves pour l'*oikos* et l'*oikia*. Le discours d'Euphilétos l'affirme avec force : « *Ainsi, Messieurs, le législateur a considéré que les violeurs méritent une peine moins lourde que les séducteurs. Ces derniers, il les a condamnés à mort, les autres à l'amende double, considérant que les individus qui parviennent à leurs fins par la violence se font haïr de ceux qui ont été violentés, tandis que les séducteurs corrompent si bien l'âme de leurs victimes qu'ils rendent les femmes d'autrui plus proches d'eux que de leur mari, que la maison entière passe en leur pouvoir et qu'on ne sait plus de qui sont les enfants, du mari ou de l'amant. Voilà pourquoi l'auteur de la loi a fixé pour eux la mort comme châtiment* »[392].

Le syllogisme mis en place par Lysias se déroule dès lors dans toute sa rigueur, comme le rappelle Pierre Chiron lorsque Euphilétos s'adresse à ses juges : « *j'ai appliqué la loi, or vous êtes la loi : j'ai donc fait ce que vous commandiez* »[393]. Euphilétos reprenant l'argumentation qui sous-tend la ligne directrice de son discours invoque à nouveau cette délégation reconnue par

---

[391]M.-M. Mactoux *ibid.*

[392]Lysias, *Discours*, I, XII, XXIV, XXXII, trad. Pierre Chiron, *op. cit.*, I, 32, 33.

[393]Lysias, *Discours*, I, XII, XXIV, XXXII, trad. Pierre Chiron, *op. cit.*, Commentaire p.43. ; cf. également M. de Béchillon, *op ; cit.*, p.53.

la loi pour appliquer au nom de l'*oikos* et de l'*oikia* la sanction de l'adultère et exige des juges qu'ils se conforment à la position prise par celles-ci : « ... *les lois (...) ce sont elles qui ordonnent aux personnes lésées de tirer ce châtiment. Je vous demande d'adopter la même position qu'elles* »[394].

À ce stade, du plaidoyer, Euphilétos va s'employer à démontrer que son acte n'a été mû ni par un mobile particulier, ni que celui-ci fut prémédité. Cette partie de l'argumentation a pour objet de répondre à l'accusation des parents de la victime dont il est dès lors permis de reconstituer les aspects essentiels.

Section II. La revendication d'un crime non prémédité

Le discours d'Euphilétos laisse transparaître à plusieurs reprises les différents chefs d'accusation soutenus par les parents de la victime. Ceux-ci sont de deux ordres : Euphilétos avait un mobile pour tuer Eratosthène et son acte était prémédité. Nous examinerons ceux-ci non pas dans l'ordre du plaidoyer, qui fait état en premier lieu de la préméditation et qui n'évoque les mobiles que dans un second temps, mais selon la logique de l'articulation pénale d'un réquisitoire qui détermine le but poursuivi et les moyens mis en œuvre pour l'atteindre. Euphilétos déclare qu'il n'y a jamais eu antérieurement aux faits aucun motif de haine entre sa victime et lui[395].

---

[394]Lysias, *Discours*, I, XII, XXIV, XXXII, trad. Pierre Chiron, *op. cit.*, I, 35, 36.
[395]Lysias, *Discours*, I, XII, XXIV, XXXII, trad. Pierre Chiron, *op. cit.*, I, 43.

Euphilétos énumère en conséquence tous les motifs vraisemblables qui auraient pu exister afin de les éliminer les uns après les autres.

Il précise tout d'abord qu'il n'existait aucune opposition de nature politique avec Eratosthène. Ce dernier n'avait jamais intenté contre lui une dénonciation publique[396]. À ce titre, nous souscrivons entièrement à l'opinion de Pierre Chiron qui écarte la possibilité d'une confusion entre l'Eratosthène de notre procès et l'autre Eratosthène, l'homme politique contre lequel Lysias engagera une action pénale à titre personnel pour venger l'exécution de son frère[397]. Le seul lien entre Eratosthène d'Oé, la victime d'Euphilétos[398] et l'Eratosthène, l'un des Trente Tyrans à l'instigation duquel le frère de Lysias avait été assassiné, est leur homonymie. Il aurait été inconcevable que Lysias, qui est le logographe du discours d'Euphilétos, puisse passer sous silence les griefs personnels qu'il nourrissait contre l'homme politique, Eratosthène, si celui qu'il considérait comme le meurtrier de son frère, Polémarque avait été aussi la victime d'Euphilétos[399]. Rien ne permet par ailleurs de retenir qu'il y ait eu entre Euphilétos et Eratosthène d'Oé le moindre conflit politique. Ce mobile doit donc être écarté des motifs du meurtre.

Il en va de même d'un conflit de nature privée entre les deux hommes. Dans une telle hypothèse, les

---

[396]Lysias, *Discours*, I, XII, XXIV, XXXII, trad. Pierre Chiron, *op. cit.*, I, 44.

[397]Lysias, *Discours*, I, XII, XXIV, XXXII, trad. Pierre Chiron, *op .cit.*, Discours XII, *Contre Eratosthène.*

[398]Lysias, *Discours*, I, XII, XXIV, XXXII, trad. Pierre Chiron, *op. cit.*, I, 16.

[399]Lysias, *Discours*, I, XII, XXIV, XXXII, trad. Pierre Chiron, *op. cit.*, Discours I, Notice, p.6.

témoignages faisant état d'un tel procès auraient contraint Euphilétos a développé une défense à ce titre ce qui n'apparaît pas dans le discours et pour cause. Euphilétos pouvait donc réfuter ce mobile sans avoir à donner d'autres explications[400]. Des questions d'argent et l'existence d'un chantage sont également à écarter, car ils auraient nécessairement fait l'objet du débat s'ils avaient été invoqués. Dans une telle hypothèse, l'accusation n'aurait pas manqué d'articuler des faits précis si ceux-ci avaient existé préalablement au meurtre et Euphilétos aurait dû y répondre dans sa plaidoirie[401].

Il est difficile d'envisager un mobile particulier qui aurait fait agir Euphilétos en l'absence de précision dans le discours à ce sujet. Seul, l'outrage subi et découvert lors de la soirée du meurtre, comme l'indique ce dernier, suffit à expliquer son geste[402]. Euphilétos développe le même discours à l'égard du chef d'accusation de préméditation. En effet, les parents d'Eratosthène accusent Euphilétos d'avoir prémédité le meurtre. Ce dernier aurait conçu une machination consistant à attirer chez lui sa victime avant de l'entraîner à l'intérieur de sa maison et de le tuer. À cela, les accusateurs ajoutent un fait aggravant. Eratosthène aurait tenté de trouver un refuge auprès des sanctuaires du foyer[403]. Le foyer était un lieu sacré où se trouvaient érigés les sanctuaires domestiques d'Hestia et d'Hermès en tant que divinités protectrices du domaine

---

[400]Lysias, *Discours*, I, XII, XXIV, XXXII, trad. Pierre Chiron, *op. cit.*, I, 44.
[401]Lysias, *Discours*, I, XII, XXIV, XXXII, trad. Pierre Chiron, *op. cit.*, *ibid.*
[402]Lysias, *Discours*, I, XII, XXIV, XXXII, trad. Pierre Chiron, *op. cit.*, I, 43, 45.
[403]Lysias, *Discours*, I, XII, XXIV, XXXII, trad. Pierre Chiron, *op. cit.*, I, 27,.

privé[404]. Celui qui trouvait refuge auprès de ces divinités ne pouvait être atteint dans sa personne sous peine de sacrilège. Il fallait donc pour Euphilétos développer des réponses précises face à ces trois chefs d'accusation. L'enjeu était, en effet, de taille, car si la préméditation venait à être reconnue, Euphilétos ne serait plus en mesure de justifier ni l'adultère, ni bien entendu le flagrant délit. La peine serait à coup sûr la mort.

Euphilétos va dans ces conditions exposer en premier lieu les raisons pour lesquelles Eratosthène n'a pu tomber dans un piège qui lui aurait été tendu. « *Il n'a pas été traîné de force de la rue jusque chez moi* »[405]. Pour faire cette démonstration, l'accusé doit établir que la commission de l'adultère est survenu à l'improviste et cela bien qu'il fut informé par l'entremetteuse et qu'il eût arraché les aveux de sa servante. Afin de se disculper d'une action précipitée, qui aurait immédiatement suivi ces révélations et qui aurait corroboré l'accusation de guet-apens, Euphilétos rappelle que la nouvelle intrusion d'Eratosthène dans sa maison s'est déroulée cinq jours après qu'il eut été informé. A propos du délai de cinq jours, Pierre Chiron considère que cette partie du discours est incompréhensible et qu'il s'agirait d'une corruption du texte initial. Nous sommes d'un avis contraire. Nous pensons que la latence de cinq jours est un argument des plus logiques et des plus pertinents pour démontrer

---

[404]Jean-Pierre Vernant, *Hestia-Hermès. Sur l'expression religieuse de l'espace et du mouvement chez les Grecs*, L'Homme, Volume 3, Numéro 3, Paris, 1963, p.12, « Hestia – nom propre d'une déesse mais aussi nom commun désignant le foyer – se prêtait moins que les autres dieux grecs à la représentation anthropomorphe. On la voit rarement figurée. Quand elle l'est, c'est souvent, comme Phidias l'avait sculptée, faisant couple avec Hermès ».

[405]Lysias, *Discours*, I, XII, XXIV, XXXII, trad. Pierre Chiron, *op. cit.*, I, 27.

qu'Euphilétos n'avait pas cherché lorsqu'il fut informé de l'adultère à tirer vengeance d'Eratosthène, mais que son acte ne fut que la suite de décisions prises dans l'urgence lorsque la victime se rendra à l'improviste chez lui plusieurs jours plus tard. Dès lors, nous considérons conformément à l'opinion de Christopher Carey[406] et de Stephen Charles Todd[407] que le texte du manuscrit ne présente ici aucune lacune ni corruption et que le délai de cinq jours prend naturellement sa place dans la démonstration d'Euphilétos.

Toujours dans la même perspective, Euphilétos établit ensuite une relation précise de ses faits et gestes dans la soirée qui a précédé le meurtre. Cet exposé détaillé lui permet de démontrer que le déroulement des évènements excluait nécessairement toute préméditation. Euphilétos rappelle tout d'abord sa rencontre avec son ami, Sostratos au coucher du soleil lorsque ce dernier revenait des champs. Il précise qu'il l'avait invité à dîner chez lui et que les deux hommes étaient montés à l'étage dans la partie de la maison réservée à Euphilétos[408]. La femme de ce dernier était présente, mais retirée dans le gynécée[409]. Une fois le repas terminé, Sostratos quitta la maison et Euphilétos déclare s'être alors endormi dans sa

---

[406]Christopher Carey, *Lysiae Orationes cum Fragmentis, recognovit brevique adnotatione critica instruxit*, Oxford Classical Texts, Oxford University Press, 2007.
[407]S.C. Todd, *op. cit.*, pp.115-116.
[408]Lysias, *Discours*, I, XII, XXIV, XXXII, trad. Pierre Chiron, *op. cit.*, I, 22.
[409]Quand bien même Sostratos fut un ami de son mari et qu'il entretenait à ce titre un lien privilégié avec le chef de l'*oikos*, la femme d'Euphilétos ne pouvait apparaître et surtout pas se nourrir devant celui qui était un étranger.

chambre[410]. Cet épisode se présente sous le jour d'une rencontre purement fortuite et d'un repas improvisé qui se termine naturellement par le départ du convive et le coucher de l'hôte. Par une série de questions à l'adresse des juges, Euphilétos confirme un peu plus loin que ce déroulement naturel des faits s'impose en toute logique à leur interprétation : « *Alors, Messieurs, réfléchissez d'abord à ceci : si cette nuit-là j'avais comploté l'assassinat d'Eratosthène, était-il préférable pour moi d'aller manger ailleurs avec mon invité ou de le faire entrer chez moi ? Ce choix risquait de dissuader l'homme d'oser entrer dans la maison. Et puis pensez-vous que j'aurais laissé partir mon invité pour rester seul et démuni, au lieu de lui demander de rester, pour tirer vengeance avec moi de l'adultère ?*»[411].

Euphilétos va accentuer dans son discours le caractère impromptu des évènements. Il n'hésite pas à qualifier les accusateurs de menteurs non seulement lorsqu'ils invoquent la préméditation, mais aussi lorsqu'ils prétendent qu'Euphilétos aurait dépêché sa servante auprès d'Eratosthène pour l'attirer chez lui[412]. Afin de le démontrer, Euphilétos rappelle qu'il a été réveillé en sursaut par cette dernière, alors qu'elle venait elle-même de constater l'entrée d'Eratosthène dans la maison. S'ensuit à ce moment une scène digne des plus beaux vaudevilles où Euphilétos part subrepticement de chez lui pour chercher des témoins, courant d'un voisin à l'autre, trouvant les uns à leur domicile, se heurtant à l'absence

---

[410]Lysias, *Discours*, I, XII, XXIV, XXXII, trad. Pierre Chiron, *op. cit.*, I, 23.
[411]Lysias, *Discours*, I, XII, XXIV, XXXII, trad. Pierre Chiron, *op. cit.*, I, 40.
[412]Lysias, *Discours*, I, XII, XXIV, XXXII, trad. Pierre Chiron, *op. cit.*, I, 37.

des autres et finissant par rameuter le plus grand nombre possible d'entre eux. Selon l'accusé, cette démarche est accomplie dans la plus parfaite improvisation : « *je vais chez l'un et chez l'autre, j'en trouve certains chez eux, d'autres étaient absents* »[413]. Une nouvelle fois, Euphilétos présente cet épisode comme la marque d'une absence totale de préméditation et se montre particulièrement insistant dans sa démonstration en précisant ce qu'il aurait dû faire s'il avait voulu préméditer le meurtre d'Eratosthène : « *Et, ensuite, Messieurs, ne vous semble-t-il pas que j'aurais convoqué mes relations pendant la journée et que je leur aurais dit de se rassembler dans la maison <d'un> de mes amis résidant au plus près, plutôt que, sitôt prévenu, galoper çà et là, de nuit, sans savoir qui je trouverais chez lui et qui serait dehors ? Je suis allé chez Harmodios et tel autre, qui étaient en déplacement : car je ne le savais pas, d'autres étaient sortis, et j'ai pris avec moi ceux que j'ai pu trouver* »[414].

Puis, Euphilétos décrit le retour dans sa maison en compagnie de ses témoins et surtout la scène de la découverte des amants dans la chambre après avoir poussé la porte déverrouillée par la servante : « *Les premiers parmi nous à entrer, nous l'avons encore vu couché à côté de ma femme, ceux qui entrèrent ensuite l'ont vu nu, debout sur le lit*[415]. À ce stade de son récit, Euphilétos ajoute une précision pour répondre à l'accusation de sacrilège des parents de la victime. Ceux-ci prétendaient

---

[413]Lysias, *Discours*, I, XII, XXIV, XXXII, trad. Pierre Chiron, *op. cit.*, I, 23.
[414]Lysias, *Discours*, I, XII, XXIV, XXXII, trad. Pierre Chiron, *op. cit.*, I, 41. Cf. également I, 42.
[415]Lysias, *Discours*, I, XII, XXIV, XXXII, trad. Pierre Chiron, *op. cit.*, I, 24.

qu'Eratosthène aurait trouvé refuge auprès du sanctuaire du foyer domestique et qu'Euphilétos l'ayant tué à cet endroit aurait commis un sacrilège. Euphilétos montre que cette allégation est sans fondement puisqu'il avait immédiatement immobilisé Eratosthène en le jetant à terre « *après lui avoir ramené les mains derrière le dos et les avoir liées* »[416]. Ainsi, la victime n'avait pas eu le loisir de quitter la pièce où elle se trouvait pour se diriger vers le foyer et y recevoir la protection des dieux domestiques.

Aucun des chefs d'accusation n'est donc fondé selon Euphilétos. Certes, il a tué Eratosthène, mais il n'a pris cette décision que sur le moment. De plus, ce meurtre, malgré les supplications de la victime qui lui offrait de le dédommager, n'était pas un crime passionnel ou même d'honneur, mais la simple application de la loi à l'égard d'un délit établi. C'est tout le sens de la formule utilisée par Euphilétos lorsqu'il tue Eratosthène : « *Lui, il reconnaissait ses torts, me suppliait, me priait de ne pas le tuer mais d'accepter de l'argent en réparation. Mais moi je lui dis : « Ce n'est pas moi qui vais te tuer, mais la loi de la cité : en la transgressant, tu l'as mise au-dessous de tes plaisirs, toi qui a préféré perpétrer une faute aussi grave envers ma femme et envers mes enfants, plutôt que d'obéir aux lois et de vivre dans la décence* »[417].

Euphilétos, qui a agi au nom de la loi, s'indigne dans sa péroraison, comme il l'avait fait dans l'exorde, à l'égard du procès qui lui est intenté parce que l'usage consacre, sinon l'impunité, du moins un châtiment beaucoup plus clément que ne le voudraient la tradition et

[416]Lysias, *Discours*, I, XII, XXIV, XXXII, trad. Pierre Chiron, *op. cit.*, I, 25. ; cf. également I, 27.
[417]Lysias, *Discours*, I, XII, XXIV, XXXII, trad. Pierre Chiron, *op. cit.*, I, 25, 26.

les textes des lois au profit de l'auteur de l'adultère. Euphilétos s'insurge contre cette ineffectivité de la loi pénale et appelle à une modification de la législation, si les juges devaient consacrer cet usage, afin d'éviter à l'avenir que d'honnêtes citoyens qui croient se conformer à la loi ne tombent dans ce piège : « *Sans cela, mieux vaut de beaucoup effacer les lois actuelles et d'assurer la complète impunité à ceux qui voudront leur porter tort. Ce sera beaucoup plus juste ainsi, plutôt que les citoyens ne soient piégés par les lois : celles-ci prescrivent d'un côté, s'ils prennent l'amant en flagrant délit, qu'ils en fassent ce qu'ils veulent, mais les procès qu'on fait aux personnes lésées sont plus pénibles que ceux qu'on inflige aux gens qui déshonorent illégalement la femme des autres* »[418].

À l'issue de ce long plaidoyer, il est fort probable que les juges furent touchés par le brillant discours que venait de prononcer Euphilétos. Pierre Chiron lui-même se déclare favorablement impressionné par ce qui peut être considéré comme l'un des « *chefs-d'œuvre* »[419] des discours écrits par Lysias. Pierre Chiron précise à ce titre : « *Sans pouvoir trancher sur le fond, on peut dire que la cause paraît bonne dans l'ensemble et la défense relativement honnête – autant qu'on puisse le dire sans avoir entendu la partie adverse s'exprimer directement* »[420]. Mais, cette belle construction édifiée avec soin sous le calame de Lysias fait apparaître bien des failles et Pierre Chiron ne manque pas de les relever.

---

[418]Lysias, *Discours*, I, XII, XXIV, XXXII, trad. Pierre Chiron, *op. cit.*, I, 41. Cf. également I, 48, 49.

[419]Lysias, *Discours* Tome I (I-XV) trad. Louis Gernet et Marcel Bizos, *op. cit*, I *Sur le meurtre d'Eratosthène*, Notice, p.29.

[420]Lysias, *Discours*, I, XII, XXIV, XXXII, trad. Pierre Chiron, *op. cit.*, Commentaire sur I,46, p.50.

« *Mais à l'examen certains points se révèlent plus douteux et la position d'Euphilétos un peu opaque* »[421].

À l'exception d'une première réserve à l'égard de la portée de la loi exprimée par notre collègue au titre d'un a) lorsqu'il rejette l'interprétation jugée tendancieuse d'Euphilétos sur le sens du texte qui n'ordonne pas de tuer et sur laquelle nous différons pour les raisons que nous avons exposé plus haut et parce que nous plaçons notre critique sur un autre plan - celui des conditions d'application des dispositions qui ne sont pas, selon nous, réunies en l'espèce comme nous le démontrerons plus loin - nous partageons pleinement l'avis de Pierre Chiron.

Ce dernier précise, en effet, dans ses considérations que « *b) la narration et l'argumentation n'éliminent pas définitivement le soupçon de guet-apens : une collusion avec Sostratos ne paraît pas impossible. c) L'absence de tout rapport évoquant le témoignage de la servante ne laisse pas d'interroger, même si ce silence confirme la thèse selon laquelle, ce genre de témoignage exigeant une méthode inhumaine (la torture), il n'était que rarement produit* »[422].

Nous irons cependant plus loin que notre collègue. Nous verrons qu'il existe en l'espèce bien plus que de simples zones d'ombre. Le discours, aussi bien construit fut-il, laisse transparaître dans différentes parties la préméditation du crime d'Euphilétos. De plus, l'absence de recours à la torture, compte tenu des règles de la procédure pénale en vigueur et des mentalités qui prévalaient alors, était tout à fait contraire aux principes les plus fondamentaux de la preuve judiciaire dans un

---

[421]Lysias, *Discours*, I, XII, XXIV, XXXII, trad. Pierre Chiron, *ibid.*
[422]Lysias, *Discours*, I, XII, XXIV, XXXII, trad. Pierre Chiron, *ibid.*

procès criminel. Nous ne partageons pas à ce titre l'opinion de Pierre Chiron sur l'emploi de la question, car la torture, comme nous l'avons vu pour les précédentes affaires que nous avons étudiées dans cet ouvrage, était fréquemment mise en œuvre à l'encontre des esclaves. C'était d'ailleurs le seul moyen pour que la déposition d'un esclave puisse être jugée recevable. Or, dans un procès où ce témoignage était aussi crucial, il nous apparaît pour le moins suspect que celui-ci n'ait pas été produit. À bien des égards, le discours d'Euphilétos plaide contre l'accusé.

Section III. Un faisceau de présomptions de culpabilité

L'épisode avec Sostratos, tel qu'il nous est rapporté soulève plus d'une question. Nous savons que la femme d'Euphilétos était présente ce soir-là dans la maison. Cette dernière ne pouvait ignorer que son mari, si l'on s'en tient au récit d'Euphiltétos, n'était pas sorti de la maison après avoir dîné avec Sostratos et qu'il était en conséquence resté à l'étage. L'épouse savait, de plus, que son mari était libre de ses mouvements et qu'il pouvait la surprendre à tout moment dans les bras de son amant dans l'hypothèse où Eratosthène serait venu la rejoindre. Comment une femme que la narration d'Euphilétos décrit comme intelligente, pour ne pas dire rusée aurait-elle pu prendre un tel risque ? Certes, lors de l'épisode précédent lorsque son mari était revenu à l'improviste, elle avait su garder tout son sang-froid et se jouant de ce dernier, l'avait enfermé dans le gynécée grâce à un verrou extérieur[423].

---

[423]Lysias, *Discours*, I, XII, XXIV, XXXII, trad. Pierre Chiron, *op. cit.*, Commentaire sur I, 13, p.35.

Elle s'assurait ainsi de le garder captif ce qui n'était pas le cas pour la porte de la chambre d'Euphilétos. Il est pour le moins surprenant qu'elle ait pris un tel risque, mais aussi qu'elle n'ait pas averti son amant de la présence de son mari.

Examinons du côté d'Eratosthène cette situation. Euphilétos nous indique que le choix de dîner avec Sostratos était de nature à dissuader Eratosthène d'entrer dans la maison, mais la présence du mari ne l'aurait pas gêné. Pierre Chiron insiste dans le discours sur l'*hybris* d'Eratosthène[424]. Mais, cette insolence n'a jamais conduit Eratosthène a adopté une attitude désinvolte dans sa relation avec la femme d'Euphilétos pour agir au vu et au su de tous. Euphilétos n'a appris son infortune matrimoniale qu'à partir d'une révélation et non à la suite d'une attitude ostentatoire d'Eratosthène qui aurait très certainement fait l'objet de la rumeur publique. Eratosthène aurait-il pris le risque de se rendre chez Euphilétos alors que ce dernier était présent et qu'il était libre de ses mouvements ? Nous en doutons.

Quel a été le rôle de la servante ? Euphilétos déclare qu'après l'avoir obligé à avouer sa complicité avec son épouse, cette dernière avait promis de l'informer dans l'éventualité où les faits d'adultère se reproduiraient. Nous avons vu que lors de la soirée avant le meurtre, elle s'était présentée à son maître pour l'avertir de l'entrée d'Eratosthène dans la maison. Euphilétos avait nié en revanche que cette dernière fut devenue sa complice pour attirer l'amant de sa femme dans un piège. Mais, le texte du discours se contredit à ce sujet. Ainsi, Euphilétos qui se défend de cette accusation déclare : « *Examinez aussi ceci,*

---

[424]Lysias, *Discours*, I, XII, XXIV, XXXII, trad. Pierre Chiron, *op. cit.*, Commentaire sur I, 2, p.28 ; cf. également I, 1, 3, 16, 25.

Messieurs, ils m'accusent d'avoir ordonné à la servante, ce jour-là, d'aller chercher le jeune homme. Mais, Messieurs, je pouvais considérer que j'agirais justement si j'essayais par tous les moyens de surprendre le séducteur de ma femme »[425] avant d'ajouter : « *Mais si, une fois tout consommé, après de nombreuses visites de sa part dans ma maison, j'usais de n'importe quel moyen pour mettre la main sur lui, je me considérais comme raisonnable* »[426].

Dans son commentaire, Pierre Chiron écrit au sujet de cette dernière partie de la déclaration d'Euphilétos : « *Hypothèse sans doute sincère, mais dangereuse, d'où sans doute sa place peu visible dans la confirmation du point (voir n. suivant) et dans l'ensemble de la démonstration* »[427]. Une sincérité, qui, au vu de la surprenante absence de précaution de la femme et de son amant, qui savaient tous deux qu'Euphilétos était présent dans la maison et libre de ces mouvements, rend cette éventualité bien plus vraisemblable que la réfutation d'Euphilétos elle-même.

Rapprochons ces passages de la discussion qu'Euphilétos avait eu avec la servante après que celle-ci lui eut avoué la relation de sa femme avec Eratosthène et sa complicité : « *Quand elle eut fini, je lui dis : « arrange toi pour que personne n'apprenne la chose. Sinon, rien ne tiendra de ce dont nous avons convenu. Je veux que tu me montres la chose sur le fait. Car les mots, je m'en moque,*

[425]Lysias, *Discours*, I, XII, XXIV, XXXII, trad. Pierre Chiron, *op. cit.*, I, 37.

[426]Lysias, *Discours*, I, XII, XXIV, XXXII, trad. Pierre Chiron, *op. cit.*, I, 38.

[427]Lysias, *Discours*, I, XII, XXIV, XXXII, trad. Pierre Chiron, *op. cit.*, Commentaire sur I, 38, p.47.

c'est l'acte dont je veux voir de mes yeux s'il se passe bien ainsi ». Elle convint de s'exécuter »[428].

Stephen Charles Todd constate qu'Euphilétos par ses propos et par cette volonté farouche de cacher à sa femme l'entretien qu'il venait d'avoir avec la servante avait déjà l'intention de faire le constat de l'adultère et de se servir de la servante à cet effet. Il est dès lors raisonnable de penser qu'Euphilétos préparait un piège pour parvenir à ses fins[429]. Pierre Chiron à la suite de Stephen Usher[430] réplique que si Euphilétos ne s'adresse pas directement à sa femme c'est parce que « *l'épouse en femme rusée et prévoyante (§ 10-14) (...) aurait nié et mis fin à sa liaison* »[431]. Est-ce de la même femme dont nous parlons ? Une femme prévoyante, qui connaissant la présence de son mari dans la maison aurait pris le risque de recevoir son amant et d'être découverte et qui de surcroît, s'abstiendrait d'avertir ce dernier. En réalité, la réaction naturelle d'un mari trompé aurait été simplement de vérifier auprès de sa femme si ces faits étaient avérés en la confrontant directement à la servante, voire à l'entremetteuse. Quel autre but Euphilétos poursuivait-il sinon de piéger l'amant ?

L'entrevue avec Sostratos a-t-elle vraiment eu lieu ? Il existe à ce titre un doute accru sur la véracité de cette partie de la narration qui est essentielle, car elle a pour but

---

[428]Lysias, *Discours*, I, XII, XXIV, XXXII, trad. Pierre Chiron, *op. cit.*, I, 21.

[429]S.C. Todd, *op ; cit.*, pp.111-112.

[430]Stephen Usher, *Greek Oratory. Tradition and Originality*, Oxford University Press, Oxford, 1999, p.57, « *She would have denied everything and ended the liaison, leaving him with no evidence on which to act within the law* ».

[431]Lysias, *Discours*, I, XII, XXIV, XXXII, trad. Pierre Chiron, *op. cit.*, Commentaire sur I, 17, p.37.

de justifier l'absence de toute planification du crime en se fondant sur la présence d'Euphilétos et de son ami dans la maison au cours de la soirée et de leur départ respectif à des moments distincts, l'un pour rejoindre sa demeure, l'autre pour aller chercher des témoins. Mais, le témoignage de Sostratos n'est pas produit aux débats. Le discours ne le fait pas apparaître. Pourquoi ? Euphilétos et Sostratos étaient-ils vraiment présents dans la maison ? Les faits se sont-ils déroulés comme l'allègue Euphilétos ? Ce dernier ne se tenait-il pas plutôt à proximité de sa demeure, prêt à tendre le piège qu'il avait préparé, ce qui expliquerait pourquoi l'épouse d'Euphilétos et son amant, Eratosthène, n'ont pu être en mesure de prévenir ces agissements. La collusion entre Euphilétos et Sostratos évoquée par Pierre Chiron nous apparaît présenter une probabilité plus grande que les allégations en sens contraire avancées par Euphilétos. De même, les témoins qui pénètrent dans la maison pour surprendre l'amant sont les amis d'Euphilétos. La version que donne Euphilétos pour réfuter l'éventualité qu'il aurait pu les réunir chez l'un de ses voisins, dont la demeure se trouverait au plus près de sa maison, prend dans ces conditions, un tour non plus hypothétique, mais vraisemblable.

Dès lors, la question du rôle joué par la servante se pose avec une acuité toute particulière. A-t-elle ou n'a-t-elle pas attiré Eratosthène dans un guet-apens ? La servante est à la fois un acteur majeur dans le déroulement des événements et un témoin clé. Elle fut d'abord la complice de la femme pour la prévenir de l'arrivée du mari en provoquant les vagissements du bébé. Elle entretenait, si l'on s'en tient au texte du discours, des relations, sinon amoureuses du moins, troubles avec Euphilétos lui-même. Elle confirma après les menaces proférées par ce dernier la liaison de l'épouse avec

Eratosthène et ce fut enfin elle qui prépara l'entrée d'Euphilétos et de ses témoins dans la maison pour surprendre l'amant. L'esclave joue donc un rôle central par sa participation active, mais elle est surtout et avant tout celle qui est en mesure de confirmer par son témoignage la thèse de l'accusé ou de l'infirmer.

En effet, elle peut apporter toutes les précisions nécessaires sur la conversation qu'elle a eue avec Euphilétos et sur la résolution prise par ce dernier à l'issue de leur entretien. Euphilétos l'avait-il envoyé chercher Eratosthène pour le tuer ou celle-ci n'avait-elle pour mission que de prévenir son maître dans le cas où Eratosthène pénétrerait dans la maison ? L'esclave détient ici le moyen de trancher en faveur de l'une ou l'autre des thèses en présence. Son témoignage est des plus déterminants. Or, Euphilétos ne produit pas ce témoignage. Ceci est d'autant plus curieux que le discours lui-même fait état d'une invitation à recourir à la torture lorsque l'entremetteuse dévoile l'adultère à Euphilétos : « *Prends donc la servante qui va au marché et qui vous sert. Mets-la à la question tu apprendras tout* »[432]. Edwin Carawan avance l'hypothèse qu'Euphilétos aurait refusé de soumettre sa servante à cette épreuve en raison même de la liaison qu'il entretiendrait avec cette dernière comme le suggère le discours[433]. Est-ce bien la raison qui aurait poussé Euphilétos à ne pas produire ce témoignage au débat ?

---

[432]Lysias, *Discours*, I, XII, XXIV, XXXII, trad. Pierre Chiron, *op. cit.*, I, 16.

[433]Edwin Carawan, *Oxford Readings in the Attic Orators, Oxford Readings in Classical Studies,*Oxford University Press, Oxford/New York, 1998, p.394.

Mais, le problème essentiel posé par le discours réside dans le silence de l'accusation elle-même en ce qui concerne le témoignage de la servante. Il n'est fait état à aucun moment d'une demande des parents d'Eratosthène pour soumettre l'esclave à la question. Voici un témoin qui est au centre de l'affaire, qui peut déterminer la culpabilité d'Euphilétos et les accusateurs se seraient abstenus de toute demande à ce titre ! Nous avons vu dans le cadre de cet ouvrage l'importance que représentait ce type de témoignage pour l'accusation. Dans l'affaire *Sur l'empoisonnement de la belle-mère* et dans le procès *Sur le meurtre d'Hérode*, les accusateurs ont exigé ou ont eu recours à ce mode de preuve. En effet, le témoignage d'un esclave n'était recevable que s'il était recueilli sous la forme de la question, c'est-à-dire de la torture[434]. Cependant, l'interrogatoire n'était lui-même possible que si le maître de l'esclave donnait son accord à l'application de la question. À cet effet, les accusateurs disposaient du droit de faire délivrer une sommation à l'accusé pour l'obliger à répondre à cette demande. En cas de refus, les juges devaient retenir une présomption en faveur de l'accusation et contre l'accusé qui n'avait pas répondu favorablement à la sommation qui lui avait été faite. La fonction de cette forme de présomption (*tekmêrion*) dans la procédure pénale à Athènes était essentielle.

Il est inconcevable que l'accusation ait pu s'abstenir de présenter une sommation en ce sens. Pour les parents d'Eratosthène, une telle abstention reviendrait ni plus moins qu'à reconnaître la faiblesse de leurs chefs d'accusation et à manifester la crainte que l'épreuve de la question puisse leur être défavorable ce qui entraînerait nécessairement une présomption déterminante en faveur d'Euphilétos. Mais, dans une telle hypothèse, Euphilétos

---

[434]M. H. Hansen, *op. cit.*, p.237.

n'aurait pas manqué de se prévaloir de cette défaillance ce qui n'est bien entendu pas le cas.

Dès lors, comment expliquer l'absence dans le discours d'un mode de preuve aussi fondamental pour la procédure criminelle et pour l'issue même du procès alors que, rappelons-le, la délivrance de cette sommation ne pouvait être éludée par l'accusation ? Il n'existe qu'une explication à cette importante lacune procédurale dans le discours. Le plaidoyer publié par Lysias n'est pas celui qui a été prononcé par Euphilétos. Nous rejoignons ici l'analyse développée par Kenneth James Dover[435]. Marie-Madeleine Mactoux ne partage pas cette position et écrit qu'il s'agit là d'une « *Supposition gratuite* »[436]. Notre collègue fait le grief à Kenneth James Dover d'émettre cette opinion « *tout en renonçant explicitement à proposer une explication* »[437].

Cependant, l'explication de cette différence entre le discours plaidé et le discours publié tient à la procédure elle-même. En effet, la délivrance de la sommation par l'accusation ne pouvant être éludée par les parents d'Eratosthène, celle-ci a bien été faite à Euphilétos. Dès lors, seul, un refus d'accéder à cette sommation pourrait expliquer la raison pour laquelle Lysias ne fait pas figurer cet incident procédural dans son discours. Le rejet de la sommation par Euphilétos entraînait nécessairement une présomption en faveur des accusateurs. La modification du discours pour faire disparaître cette sommation et la réponse à celle-ci présentait l'avantage de placer cette

---

[435]Kenneth James Dover, *Lysias and the Corpus Lysiacum*, University of California Press, 1968, p.188.
[436]M.-M. Mactoux, *op. cit.*, p.456.
[437]M.-M. Mactoux, *ibid.*

affaire sous un éclairage plus favorable pour le client de Lysias et par là même pour la gloire de son logographe.

En résumé, quelle que soit la version du discours à laquelle on s'attache, la vraisemblance du guet-apens prédomine. En effet, si l'on s'en tient au texte tel qu'il nous a été restitué, nous constatons que deux témoignages déterminants manquent à l'appui de la défense d'Euphilétos, celui de Sostratos et de la servante. L'accusé n'est donc pas en mesure de prouver qu'il a bien dîné chez lui avec son ami Sostratos le soir du meurtre et qu'il était resté après ce repas dans sa chambre au vu et su de sa femme. Il ne démontre pas plus la teneur de sa conversation avec la servante notamment pour exclure l'ordre donné à cette dernière d'attirer chez lui Eratosthène. Pourtant, Euphilétos n'est pas en peine de produire des témoignages quand il le souhaite. Il fait appeler à la barre les amis qui l'accompagnaient lorsqu'il tua Eratosthène. Euphilétos ne se défend donc que par des allégations contre le chef d'accusation de guet-apens alors qu'il pouvait produire les témoignages qui auraient donné un fondement à ses assertions. N'oublions pas non plus certaines parties du discours où Euphilétos affirme avec force qu'il était en droit de tendre un piège. Dans ces conditions, le poids des vraisemblances ne pèse pas en faveur d'Euphilétos. La violation par Eratosthène de l'*oikos* et de *l'oikia* n'est pas démontrée et la justification du droit du maître de maison de tuer l'auteur de la transgression n'est plus fondée.

Les charges contre Euphilétos se trouvent d'autant plus renforcées, si l'on considère que les parents d'Eratosthène ne pouvaient éviter de délivrer, pour des raisons qui tiennent au rôle de la présomption pénale dans la procédure athénienne, une sommation à l'accusé afin qu'il soumette son esclave à la torture. Euphilétos devait répondre et il devait répondre favorablement à cette demande. Un refus de sa part aurait entraîné à son encontre une présomption de culpabilité. Cette version nous paraît, en conséquence, la plus probable. Elle emporte d'autant plus notre conviction que le meurtre commis ne pouvait légalement être justifié si l'on s'attache au texte même du discours. En effet, les conditions posées par les lois, dont Euphilétos invoque l'application, ne se trouvaient aucunement réunies en l'absence de flagrant délit.

La question cruciale qui se posait pour Euphilétos au regard des lois de la cité était celle du flagrant délit. Marielle de Béchillon démontre, en effet, qu'Euphilétos devait apporter la preuve qu'Eratosthène était en plein ébats sexuels pour justifier son acte[438]. Or, dans son plaidoyer, Euphilétos se réfère au texte de la loi de Dracon « *que ne sera pas condamné pour meurtre celui qui aura surpris l'amant de sa femme en flagrant délit et qui en aura tiré cette vengeance* »[439]. La qualification « *ep'autophoroi* » désigne la flagrance entendue au sens strict du terme de « *pris sur le fait* »[440]. Marielle de Béchillon précise que le texte de la loi est plus strict encore. Elle écrit, en effet, que « *La formulation légale est plus concrète : il faut que l'homme soit surpris epi damarti*[441], *epi mètri*[442], *ep'adelhèi*[443], *epi thugatri*[444]. *La*

[438]M. de Béchillon, *op. cit.*, p.55, « L'adultère pris dans sa dimension juridique doit être matérialisé. Il suppose que les amants soient surpris en train de consommer l'acte sexuel ».
[439]Lysias, *Discours*, I, XII, XXIV, XXXII, trad. Pierre Chiron, *op. cit.*, I, 30.
[440]Henry Liddel and Robert Scott, *Greek-Englisch Lexicon*, Clarendon Press Oxford, 1996, p.284.
[441]Sur l'épouse.
[442]Sur la mère.

préposition epi suivie du datif se traduit par" sur ", elle indique le lieu. On imagine la scène : l'amant est surpris sur la femme infidèle. Il est en train de consommer l'acte sexuel »[445].

Euphilétos reconnaît lui-même que le flagrant délit ne peut être constitué par de simples attouchements ou baisers entre les amants[446]. De manière concrète, Marielle de Béchillon apporte une précision complémentaire pour que le flagrant délit soit constaté « *L'acte sexuel décrit dans la loi impose que l'homme soit susceptible de verser sa semence dans le corps de la femme. L'élément matériel de l'adultère incriminé résulte bel et bien de l'accomplissement de l'acte sexuel. Autrement dit, le couple doit être imbriqué l'un dans l'autre : epi damarti arthra en arthrois echon. Cela signifie mot à mot : "en ce qui concerne la femme mariée (l'homme) ayant les parties sexuelles dans les parties sexuelles"* »[447].

Or, le discours d'Euphilétos ne fait aucunement état d'une telle situation lorsque Euphilétos et ses témoins ont découvert les amants. Euphilétos déclare, en effet, « *Nous poussons la porte de la chambre. Les premiers parmi nous à entrer, nous l'avons encore vu couché à côté de ma femme, ceux qui entrèrent ensuite l'ont vu nu, debout sur le lit* »[448]. Euphilétos n'a donc pas constaté la consommation de l'acte sexuel entre Eratosthène et sa

---

[443]Sur la sœur.
[444]Sur la fille.
[445]M. de Béchillon, *op. cit.*p.55.
[446]Lysias, *Discours*, I, XII, XXIV, XXXII, trad. Pierre Chiron, *op. cit.*, I, 38.
[447]M. de Béchillon, *op. cit.*, pp.55-56.
[448]Lysias, *Discours*, I, XII, XXIV, XXXII, trad. Pierre Chiron, *op. cit.*, I, 24.

femme. Celui-ci ne se trouvait qu'à ses côtés. La condition posée par la loi n'était donc pas réunie.

Aussi Marielle de Béchillon précise-t-elle que « *Pour pallier les carences de la quasi-flagrance et avérer le fait, le mari mentionne l'aveu de l'amant* »[449]. Cependant, et Marielle de Béchillon le rappelle elle-même, Euphilétos invoque à l'appui de son argumentation la souveraineté de la loi. Euphilétos déclare expressément à Eratosthène : « *Ce n'est pas moi qui vais te tuer, mais la loi de la cité* »[450]. Or, les lois devaient faire l'objet d'une application des plus strictes parce qu'elles étaient le fruit même de la souveraineté du peuple. Démosthène indique à ce sujet : « *Quand on veut établir des lois, il faut bien les examiner ; dès qu'elles sont établies, il faut les observer, la justice et votre serment le demandent* »[451]. La justice relève également de la souveraineté du peuple et le juge est la voix même de la loi. Les juges ne pouvaient s'évader de ces termes précis tout particulièrement lorsqu'il s'agissait d'un flagrant délit dont la loi décrivait expressément la forme. La déclaration d'Euphilétos sur l'aveu d'Eratosthène, qui aurait reconnu l'adultère donc sa consommation, alors que les conditions de celui-ci n'étaient pas démontrées pour les raisons que nous avons exposées plus haut et en présence de présomptions contraires, ne suffit aucunement à pallier l'absence du flagrant délit exigé par la loi.

[449]M. de Béchillon, *op. cit.*, p.56.
[450]Lysias, *Discours*, I, XII, XXIV, XXXII, trad. Pierre Chiron, *op. cit.*, I, 26.
[451]Demosthène, *Œuvres complètes de Démosthène et d'Eschine*, traduction de l'Abbé Auger, Angers, 1804, Tome IV, *Harangue contre Midias*, 34.

Nous ne connaissons pas la sentence qui fut rendue dans cette affaire. Stephen Usher considère que le discours d'Euphilétos devait conduire le Delphinion à prononcer un jugement en faveur de l'innocence d'Euphilétos[452]. En ce qui nous concerne, nous parvenons à l'opinion opposée pour les différentes raisons que nous avons déjà données. Aussi reprendrons-nous en guise de conclusion l'observation formulée par Pierre Chiron lorsqu'il rappelait que l'usage voulait que le mari confronté à un adultère accepta la compensation offerte par l'amant et s'abstint de tuer ce dernier : « *Le fait qu'il ne se soit pas conformé à cet usage donne du corps à la thèse de la partie adverse* »[453].

---

[452]S. Usher, *Individual Characterisation in Lysias*, Eranos, LXIII, 1965, pp.99-105.
[453]Lysias, *Discours*, I, XII, XXIV, XXXII, trad. Pierre Chiron, *op. cit.*, Notice p.3.

Conclusion

Du procès pour empoisonnement au meurtre d'Eratosthène en passant par la mort d'Hérode, cette période, à cheval sur deux siècles, est riche d'enseignements. Au plan historique et juridique tout d'abord, les questions posées par ces grands procès sont toujours d'actualité qu'il s'agisse de l'instigation d'un crime, du rôle et des conditions d'application des exceptions de procédure, de la préméditation ou de la présomption d'innocence. Les commentaires de nos prédécesseurs sur ces discours nous ont conduit à discuter leur interprétation des grands procès criminels. Nous l'avons fait non seulement en considération de l'époque où les moyens de droit furent invoqués, mais également au regard de techniques juridiques qui présentaient, sous bien des aspects, une véritable similitude avec notre droit pénal moderne. Les grands procès criminels de l'Antiquité grecque nous rappellent, en effet, que nous sommes à plus d'un titre les héritiers directs des modes de pensée de la société athénienne des Ve et IVe siècles av. J.-C.

Antiphon et Lysias, les auteurs des discours judiciaires, offrent également un intérêt tout particulier pour l'historien du droit. Ces logographes furent les premiers à publier leurs plaidoyers. À travers cette étude des grands procès, nous avons tenté de rendre justice au premier d'entre eux, Antiphon. Le discours *Sur le meurtre d'Hérode*, est présenté avant tout comme l'œuvre d'un sophiste. La dissimulation, l'art de l'éristique, le recours à des raisonnements spécieux feraient des démonstrations contenues dans ses plaidoyers de pures arguties juridiques.

Nous pensons tout le contraire. Nous trouvons chez Antiphon une argumentation structurée conforme à la logique des dispositions invoquées par ce dernier. À l'inverse de nos collègues, nous considérons que les différents arguments soulevés par Antiphon étaient non seulement conformes au droit en vigueur, mais de nature à renverser les chefs d'accusation de ses adversaires fondés sur des pièces controuvées et contradictoires.

Notre démarche à l'égard de Lysias fut identique. Il est vrai que Lysias n'est pas soumis aux mêmes critiques qu'Antiphon. Ses arguments bien construits offrent une telle cohérence et un équilibre si subtil dans l'ordonnancement et l'exposition des moyens qu'ils sont donnés aujourd'hui en exemple aux élèves des facultés de droit pour leur préparation aux techniques de l'art oratoire[454]. Mais, certains aspects du plaidoyer *Sur le meurtre d'Eratosthène* méritaient, selon nous, une analyse plus approfondie. Nous avons constaté à l'occasion de cette étude que les lois sur l'adultère n'étaient pas les seuls fondements du plaidoyer d'Euphilétos pour justifier son acte. La référence au pouvoir du chef de *l'oikos* était particulièrement significative et cela dès la première partie de son exorde. C'est bien dans les limites de la sphère privée de l'*oikos* et à l'aune d'une juridiction domestique placée sous l'égide d'une justice supérieure qu'Euphilétos avait voulu inscrire la sanction de l'adultère. Une référence que certains de nos collègues associent exclusivement à une tentative de confusion avec l'ordre légal au titre d'un argument purement rhétorique. Il s'agit pourtant bien de deux plans juridiques distincts sur lesquels Lysias avait fondé la justification du crime commis par Euphilétos.

[454]La « Conférence nationale Lysias » est une association présente dans les facultés de droit en France depuis 1992.

Mais les discours judiciaires ne présentent pas seulement un intérêt juridique. Les logographes furent aussi les interprètes des sentiments les plus intimes qui animaient les hommes et les femmes de la société athénienne des Ve et IVe siècles. Certes, les plaidoyers n'ont pas toujours l'éclat des grandes périodes oratoires des discours politiques. Mais, sous l'effet évocateur de leurs narrations, ils surent replacer au centre même du procès criminel l'humanité de leurs clients. Les logographes pouvaient ainsi ressusciter devant les juridictions de l'Aréopage, de l'Héliée ou du Delphinion les émotions les plus diverses qui mêlaient tour à tour vengeance et esprit de lucre, envie et jalousie, passion et soif de justice, tous ces ressorts cachés des actions criminelles et judiciaires qui sourdaient imperceptiblement sous l'arborescence des arguments juridiques. C'est alors que se découvre une vérité sur l'innocence ou la culpabilité de l'accusé qui ne recoupe pas toujours celle qui a été consacrée par les commentateurs autorisés de ces procès. Si les discours judiciaires ne sont pas exempts de critiques, voire de soupçons sur leur contenu, comme nous avons pu le voir notamment dans le discours *Sur le meurtre d'Eratosthène*, nous considérons cependant que les plaidoyers d'Antiphon et de Lysias apportent un démenti formel au jugement de Nietzsche qui soutenait que « *Les avocats d'un criminel sont rarement assez artistes pour tourner au profit de leur client la belle horreur de son crime* »[455].

[455]F. Nietzsche, *Par delà le bien et le mal, Prélude d'une philosophie de l'avenir*, Œuvres complètes de Frédéric Nietzsche traduction par Henri Albert, Volume 10, Mercure de France, Paris, 1913, Chapitre IV, Maximes et intermèdes, n.110, p.125.

Bibliographie

I. SOURCES

A. SOURCES ANCIENNES

Antiphon, *Discours, Fragments d'Antiphon le Sophiste* traduction Louis Gernet, Les Belles Lettres, Paris, 2002.

Antiphon, *Antiphon the Sophist. The Fragments*, translation, Gérard J. Pendrick, Cambridge, University Press, 2002.

Antiphon, *Corpus dei papiri Filosofici Greci e Latini* traduction Fernanda Decleva-Caizzi, Florence, Olschki, 1989.

Aristote, *Constitution d'Athènes*, traduction Bernard Haussoullier, Georges Mathieu, Les Belles Lettres, Paris 1922.

Aristote, *Ethique à Nicomaque*, traduction Jules Tricot *textes philosophiques*, Vrin, Paris, 1994.

Cicéron, *Brutus*, traduction Jules Martha, Les Belles Lettres, Paris, 1973.

Démosthène, *Les plaidoyers civils*, Tome II, traduction Rodolphe Dareste, Plon, Paris, 1875.

Démosthène, *Les plaidoyers politiques*, traduction Rodolphe Dareste, Plon, Paris, 1879.

Démosthène, *Œuvres complètes de Démosthène et d'Eschine*, traduction de l'Abbé Auger, Angers, 1804 Tome IV, *Harangue contre Midias*.

Démosthène, *Plaidoyers politiques*, Tome II, *Contre Aristocrate*, traduction Jules Humbert et Louis Gernet, Les Belles Lettres, Paris, 2002.

Lysias, *Discours*, Tome I (I-XV), traduction Marcel Bizos et Louis Gernet, Les Belles Lettres, Paris, 1943.

Lysias, *Discours*, I, XII, XXIV, XXXII, traduction Pierre Chiron, Les Belles Lettres, Paris, 2015.

Platon, *Œuvres complètes*, Tome V, 1ère partie, *Ion, Ménexène, Euthydème*, traduction Louis Méridier, Les Belles Lettres, Paris, 1931.

Plutarque, *Œuvres morales, Vie des dix orateurs grecs,* Tome IV traduction Dominique Ricard, Lefèvre, Paris, 1844.

Plutarque, *Œuvres morales*, Tome XII, 1ère partie : Traités 54-57, *Vie des dix orateurs*, traduction Marcel Cuvigny et Guy Lachenaud, Les Belles Lettres, Paris, 1981.

Théophraste, *Traité des lois*, traduction Eugène de Rozière, Rodolphe Dareste et Edouard Laboulaye extrait de la Revue de Législation ancienne et moderne française et étrangère, Paris, numéro de mai-juin, 1870.

Thucydide, *La guerre du Péloponnèse*, Tome II, traduction Jacqueline de Romilly et Raymond Weil, Les Belles Lettres, Paris, 2009.

Thucydide *La guerre du Péloponnèse*, Tome V, traduction Raymond Weil, Les Belles Lettres, Paris, 1972.

Xénophon, *Mémorables*, Tome I, traduction Louis-André Dorion, Les Belles Lettres, Paris, 2000.

B. SOURCES IMPRIMEES

Boeckh A., *Economie politique des Athéniens*, traduction de l'allemand par A. Laligant, A. Sautelet et Cie, Paris, 1828.

Böckh A., *Die Staatshaushaltung der Athener*, 1, G. Reimer, Berlin, 1866.

II. ARTICLES, CONTRIBUTIONS ET COMPTES-RENDUS

Béchillon M. de, *La rhétorique juridique de Lysias dans le plaidoyer Sur le meurtre d'Eratosthène*, in Actes du colloque, *L'art du discours dans l'antiquité : de l'orateur au poète*, Pau, 2 avril 2010, L'Harmattan, collection Kubaba, Paris, 2010.

Cantarella E., *Moicheia Reconsidering a problem,* in *Symposion 1990 : papers on Greek and Hellenistic legal History*, M. Gagarin, Cologne, 1991.

Carawan E., *Oxford Readings in the Attic Orators. Oxford Readings in Classical Studies.* Oxford University Press Oxford/New York, 1998.

Compte-rendus séances de l'année 1938, Académie des Inscriptions et Belles-Lettres, Bulletin de janvier-février, 82e année, n°1, Auguste Picard, Paris, 1938.

Dover K. J., *Lysias and the Corpus Lysiacum*, University of California Press, 1968.

Fouchard A., *Légiférer en Grèce ancienne. Le législateur et la loi dans l'Antiquité, Hommage à F. Ruzé*, Presses universitaires de Caen, 2005.

Gagarin M., *Antiphon the Athenian Oratory, Law and Justice in the Age of the Sophists*, University of Texas Press, Austin, 2002.

Guiraud P., *Sur la condition des alliés pendant la première confédération Athénienne*, Annales de la faculté des lettres de Bordeaux, V, 1883.

Mactoux M.-M., *Un témoignage d'esclave* in Mélanges offerts à la mémoire de Roland Fietier, Annales Littéraires de l'Université de Besançon, volume 287, Cahier d'études comtoises, volume 33.

Piérart M., *Athènes et ses lois. Discours politiques et pratiques institutionnelles*, Revue des Etudes Anciennes, volume 89, numéro 1, Paris, 1987.

Pierenne-Delforge V., *L'Aphrodite grecque*, Presses Universitaires de Liège, Liège, 1994.

Richer N., *Introduction* in *La violence dans les mondes grec et romain*, actes du colloque international sous la direction de Jean-Marie Bertrand, Publications de la Sorbonne, 2005.

Usher S., *Individual Characterisation in Lysias*, Eranos, LXIII, 1965.

Vernant, J.-P., *Hestia-Hermès. Sur l'expression religieuse de l'espace et du mouvement chez les Grecs*, L'Homme, Volume 3, numéro 3, Paris, 1963.

Vlachos G., *La République des Athéniens. Etat de droit et de justice. Le témoignage de Démosthène*, in Revue international de droit comparé, Vol. 45, n°4 octobre-décembre, 1993.

Vial C., *Statut et subordination,* in Odile Cavalier, *Silence et fureur. La femme et le mariage en Grèce*, Avignon, Fondation du Muséum Calvet, 1996.

III. OUVRAGES GENERAUX

Cantarella E., *Los suplicios capitales en Grecia y Roma, Origenes y funciones de la pena de muerte en la antigüedad clasica*, Akal, Madrid, 1996.

Carey C., *Lysiae Orationes cum Fragmentis, recognovit brevique adnotatione critica instruxit*, Oxford Classical Texts, Oxford University Press, 2007.

Clerc M., *Les métèques athéniens*, Arno Press, New York, 1979.

Couloubaritsis L., *Aux origines de la philosophie européenne, De la pensée archaïque au néoplatonisme,* De Boeck Université, 2003.

Dasen V. et Piérart M., *Idia Kai Dèmosia, Les cadres « privés » et « publics » de la religion grecque antique* Presses universitaires de Liège, 2005.

Frossard A., *Les Pensées*, Le Cherche Midi, Paris, 1994.

Gilardeau E., *Au crépuscule de la justice pénale*, Questions contemporaines, L'Harmattan, Paris, 2011.

Gilardeau E., *Les grands procès politiques de l'Antiquité* L'Harmattan, Paris, 2015.

Glotz G., *Solidarité de la famille dans le droit criminel en Grèce*, Albert Fontemoing, Librairie des Ecoles françaises d'Athènes et de Rome, Paris, 1904.

Glotz G., *La cité grecque*, La Renaissance du Livre, Paris 1928.

Hansen M.H. *Apagogé, Endeixis and Ephegesis against Kakourgoi, Atimoi and Pheugontes. A Study in the Athenian Administration of Justice in the Fourth Century B.C.*, Odense University Press, 1976.

Hansen M.H., *La démocratie athénienne à l'époque de Démosthène*, Texto, Taillandier, Paris, 2009.

Hignett C., *History of the Athenian Constitution to the End of the Fifth Century B.C.*, Oxford Clarendon Press, 1952.

MacDowell D.M., *Athenian Homicide law in the age of the orators*, Manchester University Press, 1963.

Michaël M., *Sorcières et magiciennes dans le monde gréco-romain*, Le Manuscrit, 2004.

Nietzsche F., *Humain trop humain*, traduction Alexandre Marie Desrousseaux, Société du Mercure de France, 1906.

Nietzsche F., *Par-delà le bien et le mal, Prélude d'une philosophie de l'avenir,* Œuvres complètes de Frédéric Nietzsche, traduction Henri Albert, Volume 10, Mercure de France, Paris, 1913.

Onfray M., *Contre-histoire de la philosophie*, Tome I, *Les sagesses antiques*, Grasset, Paris, 2006.

Todd S.C., *A commentary on Lysias Speeches 1-11*, Oxford University Press, 2007.

Usher S., *Greek Oratory. Tradition and Originality* Oxford University Press, 1999.

IV. DICTIONNAIRES

Bailly A., *Dictionnaire Grec Français*, Hachette, Paris 2010.

Daremberg C. V. et Saglio E., *Dictionnaire des Antiquités grecques et romaines*, Librairie Hachette, Paris, 1877.

Gaffiot F., *Dictionnaire Latin Français*, Hachette, Paris, 1934.

Liddel H.G. and Scott R., *A Greek-English Lexicon*, Clarendon Press Oxford, 1996.

Table des matières

L'HISTOIRE

AUX ÉDITIONS L'HARMATTAN

Dernières parutions

L'ESPACE DANS L'ANTIQUITÉ
Sous la direction de Patrick Voisin et Marielle de Béchillon
L'espace est un thème permanent de la littérature antique, d'Homère au Ve siècle ap. J.-C. Il s'impose comme une préoccupation partagée, de l'habitant le plus humble à l'intellectuel le plus illustre. Les écrits antiques s'intéressent aux expériences et aux représentations de l'espace et nous invitent à un voyage au sein des mentalités antiques : c'est d'une ouverture de nature anthropologique dont il sera question, l'espace révélant également les valeurs, le mode de vie, les croyances ou les besoins de ces différentes civilisations.
(Coll. Kubaba, 38.00 euros, 378 p.)
ISBN : 978-2-343-05822-1, ISBN EBOOK : 978-2-336-37353-9

HÉPHAÏSTOS LE DIEU BOITEUX
Andrieu Gilbert
Presque toutes les mythologies possèdent un dieu boiteux, souvent forgeron : le cas d'Héphaïstos n'est pas unique et doit correspondre à un signe particulier qu'il faut trouver. Pourquoi ce dieu est-il si différent des autres et que représente cette singularité ? La singularité de cette divinité, qui semble à la fois immortelle et cependant particulière au point d'être presque rejetée, interroge. Homère nous en donne une image assez réductrice qu'il faut dépasser si l'on veut comprendre ce que les aèdes cachaient derrière leurs légendes.
(17.00 euros, 170 p.)
ISBN : 978-2-343-05974-7, ISBN EBOOK : 978-2-336-37490-1

POURQUOI ? LES LUMIÈRES À L'ORIGINE DE L'HOLOCAUSTE
Valdman Edouard
Et si la grande tentation pour les Juifs était d'oublier leur identité ? Et si l'assimilation faisait le lit de l'antisémitisme ? Et si la laïcité exacerbait les antagonismes religieux ? Et si les origines de l'Holocauste étaient à chercher aussi du côté des Lumières ? La réflexion de l'auteur, loin des préjugés bien pensants, est une contribution essentielle dans un contexte de résurgence de l'antisémitisme en Europe et dans le monde.
(10.50 euros, 78 p.)
ISBN : 978-2-343-04928-1, ISBN EBOOK : 978-2-336-36942-6

LES TONDUES
Un carnaval moche
Brossat Alain
Préface de Geneviève Fraisse
La tonte de milliers de femmes soupçonnées de «collaboration horizontale» avec l'ennemi est un phénomène qui a longtemps filé entre les doigts des historiens professionnels. Partant de cet embarras, l'auteur tente de saisir ces violences comme un phénomène «total» dont chaque facette ne s'éclaire qu'au prix de la mobilisation des savoirs et d'hypothèses infiniment variées. Le développement tardif, mais désormais bien ancré, en France, des études de genre souligne l'intérêt de la réédition de ce livre paru la première fois en 1992.
(Téraèdre, Coll. [Ré]édition, 36.00 euros, 348 p.)
ISBN : 978-2-36085-060-0, ISBN EBOOK : 978-2-336-37022-4

UN «MALGRÉ-NOUS» DANS L'ENGRENAGE NAZI
Les sacrifiés de l'Histoire
Cantinho Pereira Pedro
Ce livre constitue un humble hommage aux Alsaciens et Mosellans incorporés de force dans les armées allemandes lors de la Seconde Guerre mondiale et qui vivent dans l'ambiguïté de leur destin. Dans ce cataclysme, les agresseurs ont souvent été victimes de leurs propres actes. En racontant l'histoire vraie de Paul Freundlich, jeune Alsacien dont la vie a été bouleversée par la Seconde Guerre mondiale, le narrateur revient sur son propre passé.
(Coll. Mémoires du XXe siècle, série Seconde Guerre mondiale, 21.50 euros, 216 p.)
ISBN : 978-2-343-05059-1, ISBN EBOOK : 978-2-336-36992-1

TROUPES (LES) COLONIALES D'ANCIEN RÉGIME
Fidelitate per Mare et Terras
Lesueur Boris
Préface de Michel Vergé-Franceschi
«Le désavantage des colonies qui perdent la liberté de commerce est visiblement compensé par la protection de la Métropole qui les défend par ses armes ou les maintient par ses lois». Cette phrase de Montesquieu résume les liens compliqués entre une métropole et ses colonies sous l'Ancien Régime. La prospérité apportée par les colonies devait être souvent défendue avec acharnement. Des compagnies détachées aux régiments coloniaux, l'aventure des soldats au temps de la Nouvelle-France et des Iles demeure singulière et mal connue.
(SPM, Coll. Kronos, 45.00 euros, 534 p.)
ISBN : 978-2-917232-28-6, ISBN EBOOK : 978-2-336-36549-7

DROIT (LE) DES NOIRS EN FRANCE AU TEMPS DE L'ESCLAVAGE
Textes choisis et commentés
Boulle Pierre H., Peabody Sue
En France entre le XVIe siècle et le XIXe siècle, la vision de l'individu doté d'une liberté formelle fut confrontée à l'existence de l'esclavage aux colonies, en particulier lorsqu'à partir de 1716 une exception au principe du sol libre fut octroyée aux planteurs qui souhaitaient amener en métropole leurs esclaves domestiques. Tout un appareil juridique dut être créé pour accommoder cette

exception. Le présent ouvrage cherche à illustrer les différentes étapes que prit cette recherche d'un équilibre entre liberté et esclavage.
(Coll. Autrement Mêmes, 29.00 euros, 291 p.)
ISBN : 978-2-343-04823-9, ISBN EBOOK : 978-2-336-36295-3

ÂGES (LES) DE L'HUMANITÉ
Essai sur l'histoire du monde et la fin des temps
Bolton Robert
Comment, quand et pourquoi le monde a-t-il commencé ? Et quand touchera-t-il à son terme ? Les deux mille dernières années sont analysées en termes de cosmologie traditionnelle, à l'aide de la science des nombres afin de permettre le calcul de la position de notre époque dans l'ère à laquelle elle appartient. L'auteur arrive à la conclusion qu'il y a de fortes probabilités pour que son terme coïncide avec la fin des temps.
(Coll. Théôria, 28.00 euros, 272 p.)
ISBN : 978-2-343-03921-3, ISBN EBOOK : 978-2-336-36288-5

DIVINATION (LA) DANS LA ROME ANTIQUE
Études lexicales
François Guillaumont et Sophie Roesch (éds.)
Les Romains vivaient dans un monde peuplé de signes de la volonté des dieux. Savoir lire ces signes, par le biais de la divination, permettait aux hommes de s'assurer le succès de leurs entreprises. L'objet de ce recueil est de compléter par une approche lexicale les nombreuses publications déjà consacrées à ce domaine de la religion antique, afin de mieux définir les croyances et les pratiques divinatoires des Romains.
(Coll. Kubaba, 15.50 euros, 150 p.)
ISBN : 978-2-343-04273-2, ISBN EBOOK : 978-2-336-36431-5

DISPARITION (LA) DU DIEU DANS LA BIBLE ET LES MYTHES HITTITES
Essai anthropologique
Nutkowicz Hélène, Mazoyer Michel
Drames et tragédies se succèdent qui voient les destructions de la nature, de l'homme et du cosmos dans les royaumes tant hatti que judéen, témoins de la rupture entre le monde terrestre et le monde divin. Quelles explications les peuples touchés par ces situations de crises apportent-ils ? Quels sont les points partagés et les divergences développées par ces deux peuples ?
(Coll. Kubaba, série Antiquité, 22.00 euros, 214 p.)
ISBN : 978-2-343-04876-5, ISBN EBOOK : 978-2-336-36434-6

ÉCHANGES (LES) MARITIMES ET COMMERCIAUX DE L'ANTIQUITÉ À NOS JOURS (2 volumes)
Sous la direction de Philippe Sturmel
Tous les peuples, ou presque, ont voulu faire de la mer et des océans leur terrain de jeu, de chasse, d'échanges ou d'aventures. A l'aube de l'époque moderne, la navigation commerciale connaît un essor spectaculaire et les terres apparaissent comme un obstacle à son développement. La mer, enfin, comme lieu de toutes

les spéculations, intellectuelles, philosophiques ou utopiques. C'est cette grande histoire que les communications rassemblées dans cet ouvrage ont l'ambition de raconter.
(Volume 1, Coll. Méditerranées, 31.00 euros, 300 p.)
ISBN : 978-2-343-03509-3, ISBN EBOOK : 978-2-336-36383-7
(Volume 2, Coll. Méditerranées, 30.00 euros, 294 p.)
ISBN : 978-2-336-30724-4, ISBN EBOOK : 978-2-336-36382-0

MENSONGES DE L'HISTOIRE (Tome 2)
Monteil Pierre
Avec simplicité, esprit critique et objectivité, l'auteur s'attaque, dans ce second tome, à de nouveaux «mensonges de l'Histoire» : ainsi, saviez-vous que l'Enfer est une conception médiévale ? Que les chiffres arabes sont en réalité indiens ? Que Gutenberg n'a pas inventé l'imprimerie ? Qu'Abraham Lincoln était raciste ? Que l'Allemagne nazie fut le premier pays dans l'espace ?
(Coll. Rue des écoles, 30.00 euros, 300 p.)
ISBN : 978-2-343-04362-3, ISBN EBOOK : 978-2-336-36119-2

LES VOYAGEUSES D'ALBERT KAHN (1905-1930)
Vingt-sept femmes à la découverte du monde
Arasa Yaelle
Entre 1905 et 1930, Albert Kahn, riche banquier autodidacte, crée en France, une bourse féminine Autour du monde, octroyée aux plus brillantes des jeunes femmes titulaires de l'agrégation. Les lauréates se nourrissent, durant une année, d'un quotidien nomade, se frottant aux traditions les plus anciennes et à la modernité la plus échevelée. Courriers, rapports et carnets de bord narrent les changements de paysage, du monde, de la société, de l'enseignement féminin et de la vie des femmes durant un quart de siècle.
(38.00 euros, 382 p.)
ISBN : 978-2-343-04419-4, ISBN EBOOK : 978-2-336-36174-1

MYTHE (LE) INDO-EUROPÉEN DU GUERRIER IMPIE
Blaive Frédéric, Sterckx Claude
Cet ouvrage s'appuie sur les travaux de comparatisme indo-européen initié par Georges Dumézil et plus particulièrement d'un mythème de «guerrier impie» s'attaquant obstinément à tous les niveaux du sacré, du droit et du juste, repoussant dédaigneusement les avertissements divins et s'obstinant dans sa démesure jusqu'à succomber. Ces enquêtes rendent compte des formes et des motivations propres à chaque culture du guerrier impie (tels que les Grecs Achille et Bellérophon, les Romains César et Julien l'Apostat, l'Irlandais Cuchulainn, le Scandinave Harald l'impitoyable, voire l'Anglais Richard III).
(Coll. Kubaba, série Antiquité, 22.00 euros, 224 p.)
ISBN : 978-2-336-30260-7, ISBN EBOOK : 978-2-336-35479-8

L'HARMATTAN ITALIA
Via Degli Artisti 15; 10124 Torino
harmattan.italia@gmail.com

L'HARMATTAN HONGRIE
Könyvesbolt ; Kossuth L. u. 14-16
1053 Budapest

L'HARMATTAN KINSHASA
185, avenue Nyangwe
Commune de Lingwala
Kinshasa, R.D. Congo
(00243) 998697603 ou (00243) 999229662

L'HARMATTAN CONGO
67, av. E. P. Lumumba
Bât. – Congo Pharmacie (Bib. Nat.)
BP2874 Brazzaville
harmattan.congo@yahoo.fr

L'HARMATTAN GUINÉE
Almamya Rue KA 028, en face
du restaurant Le Cèdre
OKB agency BP 3470 Conakry
(00224) 657 20 85 08 / 664 28 91 96
harmattanguinee@yahoo.fr

L'HARMATTAN MALI
Rue 73, Porte 536, Niamakoro,
Cité Unicef, Bamako
Tél. 00 (223) 20205724 / +(223) 76378082
poudiougopaul@yahoo.fr
pp.harmattan@gmail.com

L'HARMATTAN CAMEROUN
BP 11486
Face à la SNI, immeuble Don Bosco
Yaoundé
(00237) 99 76 61 66
harmattancam@yahoo.fr

L'HARMATTAN CÔTE D'IVOIRE
Résidence Karl / cité des arts
Abidjan-Cocody 03 BP 1588 Abidjan 03
(00225) 05 77 87 31
etien_nda@yahoo.fr

L'HARMATTAN BURKINA
Penou Achille Some
Ouagadougou
(+226) 70 26 88 27

L'HARMATTAN SÉNÉGAL
10 VDN en face Mermoz, après le pont de Fann
BP 45034 Dakar Fann
33 825 98 58 / 33 860 9858
senharmattan@gmail.com / senlibraire@gmail.com
www.harmattansenegal.com

L'HARMATTAN BÉNIN
ISOR-BENIN
01 BP 359 COTONOU-RP
Quartier Gbèdjromèdé,
Rue Agbélenco, Lot 1247 I
Tél : 00 229 21 32 53 79
christian_dablaka123@yahoo.fr

Achevé d'imprimer par Corlet Numérique - 14110 Condé-sur-Noireau
N° d'Imprimeur : 132372 - Dépôt légal : octobre 2016 - *Imprimé en France*

www.ingramcontent.com/pod-product-compliance
Lightning Source LLC
LaVergne TN
LVHW010933061026
849535LV00007B/2372